《交通强国科普系列》丛书

"十四五"时期国家重点图书出版专项规划项目
中国交通教育研究会教育科学研究重点课题资助项目(JTZD20-53)
中国学位与研究生教育学会研究课题资助项目(2020MSA19)
陕西省自然科学基础研究计划资助项目(2023-JC-YB-410)
长安大学中央高校基本科研业务费专项资金资助项目(300102214910)

——跨江越河,连通世界

宋　琳　罗晓瑜　主　编
张维烈　石赞琦　副主编

陕西新华出版
陕西人民教育出版社
·西安·

图书在版编目（CIP）数据

桥：跨江越河，连通世界／宋琳，罗晓瑜主编．——西安：陕西人民教育出版社，2024.11
（交通强国科普系列丛书）
ISBN 978-7-5450-9208-0

Ⅰ.①桥… Ⅱ.①宋… ②罗… Ⅲ.①桥梁工程-中国-青少年读物 Ⅳ.①U44-49

中国国家版本馆CIP数据核字（2023）第007208号

桥——跨江越河，连通世界
QIAO KUAJIANG YUEHE LIANTONG SHIJIE

宋 琳 罗晓瑜 主编

出 品 人	李晓明 叶 峰
出版发行	陕西人民教育出版社
地 址	西安市丈八五路58号
邮 编	710077
经 销	各地新华书店
责任编辑	黄雅玲
印 刷	成业恒信印刷河北有限公司
开 本	787毫米×1092毫米 1/16
印 张	12.5
字 数	200千字
版 次	2024年11月第1版
印 次	2024年11月第1次印刷
书 号	ISBN 978-7-5450-9208-0
定 价	32.00元

版权所有·未经许可不得采用任何方式擅自复制或使用本产品任何部分·违者必究
如发现内容质量、印装质量问题，请与本社联系。
联系电话：029-88167836

序　言

　　桥是路的拓展，空间的跨越，科技的结晶；也是文化的图腾，时间的印记，凝固的历史。几千年来，人类修建了数以万计奇巧壮丽的桥梁，横跨在各地的山水之间，便利了交通，装点了河山，成为人类文明的重要标志物。

　　桥梁的产生和发展深受不同历史时期生产力发展水平的制约。远古时期，人类受自然界的启发，用倒下的树干建造梁桥，用攀爬的藤蔓建造索桥。随着人类智力水平的不断提高，人类学会用木、石、藤、竹等天然材料建造桥梁。冶铁技术出现以后，人类开始建造铁链桥。工业革命后，人类社会进入了一个崭新的时代，科学技术飞速发展，新兴材料不断进步，桥梁建设迅速发展。二战后，科学技术与经济进入高速发展期，桥梁获得了比历史上任何时期都要快的大发展，主要表现在高强度、轻质、耐久材料的发展与应用，型式多样化与结构整体化的桥梁的不断涌现。桥梁工程规模之巨大，结构之复杂和精美，已非古代桥梁所能比。进入21世纪之后，人类迈入信息化时代，桥梁设计与计算的信息化、制造的工业化、自动化与程控化水平越来越高,从而使得任何巨川与深谷,都不能阻挡人类用桥梁去跨越。

桥梁是人类克服自然障碍,跨越河流与峡谷,通济利涉的工具,也是人类历史发展和文化艺术的重要组成部分。作为人类历史文化的浓缩与载体,桥梁的发展深受不同历史时期人们的文化、审美、习俗的影响。中国幅员辽阔、历史悠久,不同时代、不同地点、不同用途,孕育了形态各异的桥梁,造就了享誉世界的桥梁文化。今天我们在神州大地看到的,有横渡海峡、跨越大江大河、使天堑变通途的雄伟壮丽的大桥;有穿梭于高楼大厦之间,缠绕于交通枢纽的高架和立交;还有杨柳堤岸、池沼园林、柳锁彩虹、小桥流水的桥梁美景。这些风格形式多样,姿态各异的桥梁景观,不仅能让人感到胸襟开阔,心旷神怡,也能让人体验到深厚的文化积淀。

中国不仅在古代有不少世界桥梁史上的创举,新中国的桥梁建设也取得了伟大的成就。南京长江大桥的建成就标志着我国的现代桥梁建设达到了世界先进水平。通过20世纪80年代的"学习和追赶",20世纪90年代的"提高和创新",21世纪我国桥梁建设迎来了"超越发展"的新阶段。如今,随着桥梁技术的发展,一座座江河湖海上的宏伟大桥,跨越天堑,成为重塑中国国家地理的新标志。著名的港珠澳大桥在工程技术、建设管理等诸多领域填补了"世界空白",形成一系列"中国标准",标志着中国由桥梁大国向桥梁强国迈进。与此同时,中国建造的桥梁也大踏步走向世界,遍及世界各洲,成为一张响亮的"中国名片"。中国桥梁的建设发展,得益于新中国综合国力的提升和科技水平的发展。新中国桥梁建设的辉煌成就,充分显示了中国人民的非凡智慧。

桥梁文化需要传承，桥梁文明需要振兴。《桥——跨江越河，连通世界》不仅以图文并茂的形式展示了桥梁的艺术美，还简明扼要地论及了桥梁史上的社会政治、军事经济、历史文化等内容。《桥——跨江越河，连通世界》是桥梁世界的缩影、桥梁发展的轨迹、桥梁精神的展现、桥梁科技的演绎。《桥——跨江越河，连通世界》是一部有温度的简明桥梁史。通过本书，我们可以传承桥梁文化，增强文化自信，更好地推进中国桥梁强国的发展。

本书主编为长安大学马克思主义学院宋琳教授和长安大学公路学院罗晓瑜副教授，副主编为西安市曲江新区管理委员会住房和城乡建设局、西安交通大学人居环境与建筑工程学院张维烈博士生和长安大学交通馆副馆长石赘琦。张维烈、罗晓瑜负责第一、第二、第三、第四章内容的编著，石赘琦、罗晓瑜负责第五章内容的编著，陈丽蓉负责第六章内容的编著，长安大学交通馆张晓航老师、曹锦承（长安大学博士研究生）、刘政豪（中交第一公路勘察设计院有限公司，西安交通大学博士研究生）协助整理全书参考文献和图片，最终统稿人为宋琳和罗晓瑜。

《桥——跨江越河，连通世界》是"十四五"时期国家重点图书出版专项规划项目《交通强国科普系列》丛书中的一本，在此，特别感谢陕西新华出版传媒集团、陕西人民教育出版社的大力支持。同时，本书获中国交通教育研究会、中国学位与研究生教育学会、陕西省自然科学基础研究计划资助，在此也统一表示感谢。

本书在编写过程中由于作者水平局限，不足之处在所难免，敬请各位专家学者和广大读者们不吝赐教，批评指正。

编者
2024 年 9 月

目 录

第一章　梁桥 / 001

　　第一节　梁桥的由来 / 003
　　第二节　梁桥的受力 / 006
　　第三节　我国著名的梁桥 / 008
　　　　一、西渭桥 / 008
　　　　二、洛阳桥 / 010
　　　　三、安平桥 / 012
　　　　四、波日桥 / 015
　　　　五、江东桥 / 017
　　　　六、滦河大桥 / 019
　　　　七、钱塘江大桥 / 021
　　　　八、武汉长江大桥 / 024
　　　　九、南京长江大桥 / 026
　　　　十、重庆长江大桥 / 028
　　　　十一、援马尔代夫中马友谊大桥 / 030

001

第二章　拱桥 / 033

第一节　拱桥的由来 / 035
第二节　拱桥的受力 / 038
第三节　我国著名的拱桥 / 040

一、赵州桥 / 040

二、虹桥 / 043

三、卢沟桥 / 044

四、宝带桥 / 048

五、人字桥 / 050

六、乌巢河大桥 / 053

七、大胜关长江大桥 / 055

八、卢浦大桥 / 057

九、朝天门大桥 / 059

第三章　悬索桥 / 061

第一节　悬索桥的由来 / 063
第二节　悬索桥的受力 / 067
第三节　我国著名的悬索桥 / 069

一、安澜桥 / 069

二、德兴藤网桥 / 073

三、泸定桥 / 077

四、盘江桥 / 079

五、青马大桥 / 081

六、虎门大桥 / 082

七、江阴长江公路大桥 / 086

八、泰州大桥 / 088

九、杭瑞洞庭大桥 / 090

十、普立大桥 / 092

十一、杨泗港长江大桥 / 095

第四章　斜拉桥 / 097

第一节　斜拉桥的由来 / 099
第二节　斜拉桥的受力 / 106
第三节　我国著名的斜拉桥 / 108

一、大沽河斜拉桥 / 108

二、天津永和大桥 / 110

三、南浦大桥 / 112

四、杨浦大桥 / 114

五、福建青州闽江大桥 / 115

六、东海大桥 / 117

七、苏通大桥 / 119

八、深港西通道桥 / 120

九、北盘江大桥 / 123

十、港珠澳大桥 / 124

十一、巴拿马运河三桥 / 129

十二、果子沟大桥 / 130

第五章　栈道桥 / 133

第一节　栈道桥的由来 / 135
第二节　栈道桥的受力 / 145
第三节　我国著名的栈道桥 / 148

一、陈仓道 / 148

二、褒斜道 / 149

三、金牛道 / 152

四、荔枝道 / 155

五、华山长空栈道 / 158

六、麦积山石窟栈道 / 159

七、宁武悬崖栈道 / 161

第六章　浮桥／163

第一节　浮桥的由来／165
第二节　浮桥的受力／168
第三节　我国著名的浮桥／170

一、蒲津浮渡／170

二、广济桥／172

三、黄河浮桥／175

四、赣州古浮桥／179

五、永州霞客渡浮桥／182

六、狮子关水上浮桥／185

第一章
梁 桥

—— 跨江越河，连通世界

第一节 梁桥的由来

梁桥，顾名思义，就是用一道或多道梁搭在所跨越障碍物之上而形成的桥梁，是历史非常悠久的人工建筑之一，也是最早出现在人类社会的桥梁种类。

那么，梁桥是怎么来的呢？在半坡博物馆的挂图中，有这么一幅画（图1-1），大致解释了新石器时代我国古人是如何获得灵感修建梁桥的——河岸冲蚀，岸侧树木倒塌，成为动物们跨过河流，到达对岸的通道，人们受此启发而修建桥梁。

图1-1 倒塌的树木与原始桥梁的诞生（罗晓瑜 摄）

凭借着从这些横流睡木中获得的灵感,大约六千年前,半坡人就开始了他们的梁桥建造之旅。由图 1-2 可知,半坡人居住的村落周边有道大围沟将村子环绕,这条大围沟深约 5~6 米,上部口宽约 6~8 米。据推断,这条大围沟是用来防止野兽和外敌入侵的。

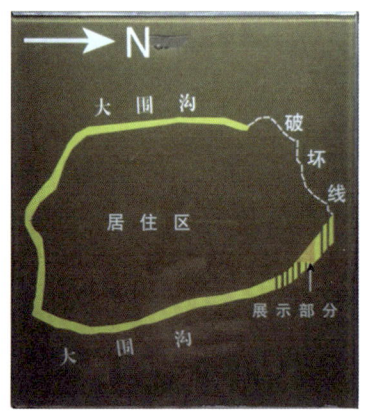

(a) 大围沟示意

(b) 大围沟实拍

图 1-2 半坡人村落周边的大围沟

由于大围沟的防御性需求,考古学家推断它是环行贯通的,因此,围沟之上必然有桥,而且是可快速拆卸的简易桥梁,以便于晚上休息或遇到强敌时将桥梁拆卸,保护村落安全。从博物馆的挂图中,也可发现这座桥的蛛丝马迹,如图1-3,画面的右上角有一座木头搭建的桥梁,即考古学家还原的进出口桥梁。

图1-3 半坡村落大围沟之桥

由图1-3可见,这座桥梁是由木梁横搭在两岸及围沟中间的木柱桥墩上而成,这与溪涧的横流睡木相似。也就是说,六千多年前的中国古人就凭借智慧,从自然界中获取造桥灵感,用木梁横跨围沟,修建了早期的桥梁。梁桥,因此而来。

第二节 梁桥的受力

若想知道梁桥是怎么受力的,我们首先要看看它是如何承受荷载的。人或车辆是直接施加在横着摆放的梁体上的,这道主要承受荷载的梁,我们称之为主梁;支撑主梁的构造,我们称之为桥墩或桥台;桥墩或桥台埋在地表以下的部分,我们称之为基础,如图1-4(a),主梁在承受人或车辆作用时,将会向下变形弯曲,如图1-4(b),也就是说,梁桥主要是通过梁体的弯曲变形来承受荷载的。当然,梁体所承受的荷载,还要向两侧的桥墩传递,桥墩再以竖向力的形式向基础传递,最后再由基础传递到大地,这就完成了荷载从作用点向大地传递的全过程。

由图1-4可知,梁桥最大的受力特点,就是通过自身的变形来抵抗荷载的作用,这就需要用来制作主梁的材料具有足够的弯曲韧性,否则主梁将在荷载作用下折断,无法继续承载。

古代建筑材料以木材和石材为主,木材具备良好的弯曲韧性,所以通常被选用为主梁的建造材料。石材虽较为坚硬,但石材是脆性材料,作为主梁材料时,在缺乏一定厚度的情况下容易被折断,而足够厚的石梁又较重,远古时代的人们难以加工、运输和安装。因此,我国古代早期的梁桥大多为木梁桥。

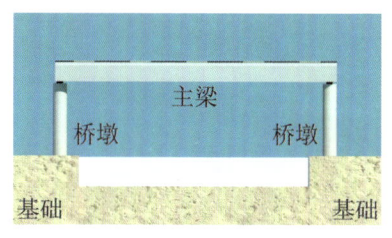
（a）主梁示意

（b）梁桥受力模式

（c）荷载传递过程

图1-4 梁桥受力示意

（罗晓瑜 制图）

木材在风吹雨淋又缺乏保护时容易腐朽损坏，这也是我国古代早期的木桥难以保存至今的原因。相反，石材虽重，却具有良好的耐久性，因此，我国古代的一些石梁桥得以保存至今。

第三节 我国著名的梁桥

一、西渭桥

1986年,在渭河枯水时,考古人员发现了残留在水下的西渭桥木桩,清理出木桩16排,145根,以木桩宽度推测该桥桥宽约16米,南北桥长约500米,如图1-5。

图1-5 西渭桥遗址

(图片来源:百度百科)

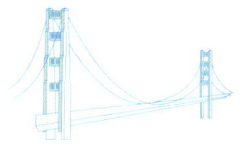

第一章 梁桥

西渭桥是我国古代渭河流域非常重要的一座桥梁,始建于西汉建元三年(公元前138年),是人们根据汉、唐长安城附近渭河上的三座桥地理位置的不同而冠之的名称(另两座为中渭桥、东渭桥)。西渭桥是汉唐时期由长安通往西域、巴蜀的交通要道。

公元前123年,17岁的霍去病出任骠姚校尉,率领八百骑兵从西渭桥过河,深入大漠,两次功冠全军,封"冠军侯"。公元前121年,19岁的霍去病指挥两次河西之战,歼灭和招降河西匈奴近十万人,俘匈奴祭天金人,直取祁连山,走的是西渭桥。这是华夏政权第一次占领河西走廊,从此丝绸之路得以开辟。可以说,西渭桥见证了中国汉唐时期逐步走向辉煌的时刻。

西渭桥也见证了唐朝由盛转衰的转折点。唐天宝十五年(756年),边将安禄山与史思明背叛唐朝并发动了安史之乱,唐玄宗弃城后从西渭桥过河奔蜀,杨国忠过桥后纵火焚桥。李隆基称:"庶士各避贼求生,奈何绝其路?"遂令高力士扑灭之。

这场战争使得唐朝人口大量流失,国力锐减。出现这场战争的主要原因,是封建经济的发展加速了土地兼并,破坏了"均田制",以致百姓多迁徙流亡。加之,唐朝最高统治集团日益腐化,从开元末年,唐玄宗就沉溺于酒色,朝政由"口蜜腹剑"的奸相李林甫把持达十九年之久,他在职期间排斥异己,培植党羽,为巩固权位,他还杜绝边将入相之路,称胡人忠勇单纯无异心,建议唐玄宗任用胡人镇守边界,同时又放任他们拥有重兵,因此安禄山等胡人得以取得权力。继李林甫上台的杨贵妃之兄杨国忠,更是一个"不顾天下成败,只顾徇私误国"之人,他公行贿赂,妒贤忌能,骄纵跋扈,不可一世。种种原因交织,导致了这场内战的爆发，唐朝从开元盛世转向元气大伤，对唐朝后期的发展产生了重大影响。

二、洛阳桥

洛阳桥，曾叫"万安桥"，是中国福建省泉州市境内连接台商投资区和洛江区的一座桥梁，因其址为古万安渡口而得名。这里原为古代泉州湾洛阳港，也是连接泉州至福州，乃至江西、浙江腹地的交通要道。据《福建通志》记载："宋庆历初，郡人李宠始甃石作浮桥。北宋皇祐五年，僧宗善及郡人卢锡、王实偶为石桥，未就。会蔡襄守郡，踵而成之。"至和、嘉祐间，蔡襄两知泉州，继续主持建造，至嘉祐四年（1059年）十二月竣工，使得人们"去舟而徒，易危而安，民莫不利"。明、清到20世纪40年代、20世纪90年代均有修葺。洛阳桥与北京的卢沟桥、河北的赵州桥、广东的广济桥并称为中国古代四大名桥，被

图1-6 洛阳桥全景

（图片来源于公众号：台商区本地网，2021年7月29日发布）

茅以升称为"中国古代桥梁的状元",清道光郡守沈汝瀚书石匾"海内第一桥"。

洛阳桥呈东北—西南走向,系花岗石砌筑,现桥长731米,宽4.5米。船型墩45座,桥孔47道,金刚墙4座,桥依托中部一自然小岛(中洲)而建。桥中亭以南6墩7孔,2座金刚墙,中亭以北39墩40孔,2座金刚墙。整座桥有石梁板335根,所用石梁板最长11米,最宽0.98米,最厚0.8米,有的重达15吨。桥两侧栏杆645根,其中狻猊望柱(狮身护栏)104根,平头望柱、短任共525根。现桥上保存有4尊宋代护桥将军石像和6座宋代石塔,及修桥碑刻、摩崖石刻等宝贵文物。

图1-7 洛阳桥北面石雕

(图片来源于公众号:王杰明——洛阳桥的故事,2018年7月23日发布)

洛阳桥在建造过程中遇到许多技术难题。由于地址位于福建省江海汇合处,江潮汹涌,浪涛搏击,近千年前的中国桥梁工程师就是在这种困难的条件下,首创了一种直到近代才被人们所认识的新型桥基——"筏形基础"。所谓"筏形基础",就是用长条石交错垒砌,形成形若小船的基础,两头尖,以分水势,减轻浪涛对桥墩的冲击;为了巩固基石,中国古代劳动人民还首创了"种蛎固基法",即在基石上养殖牡蛎,使之胶结成牢固的中流砥柱,这是世界上把生物学应用于桥梁工程中的先例。洛阳桥的建造,使洛阳江天堑变通途。它为南宋时期泉州、漳州等地大规模造桥提供了丰富的经验。

图 1-8 洛阳桥南

(图片来源于公众号:王杰明——洛阳桥的故事,2018年7月23日发布)

三、安平桥

安平桥,曾叫五里桥、西桥、安海桥,是中国福建省泉州市境内连接晋江市和南安市的一座桥梁,是世界上中古时代最长的梁式石桥，也是中国现存最长的海港大石桥，是古代桥梁建筑的杰作，享有"天下无桥长此桥"之誉。全桥始建于南宋绍兴八年（1138年），绍兴二十二年（1152年），安平桥竣工投入使用；明清两代曾多次重修；民国十七年（1928年）1月，因安平桥毁坏，重修安平桥；1981年2月，安平桥依原状进行全面翻修开工；1985年5月，安平桥翻修竣工；2007年年底，安平桥抢险加固工程开工；2009年7月24日，安平桥抢险加固工程验收投入使用。

图1-9 安平桥全貌

（图片来源于公众号：今日安海，2021年7月30日发布）

安平桥全长2070米，桥面宽3至3.8米，共361墩。桥面用4至8条大石板铺架，石板长5至11米，宽0.6至1米，厚0.5至1米，重4至5吨；桥上筑憩亭5座，中部的中亭面宽10米。周围保存历代修桥碑记16方，亭前伫立2尊护桥将军石像，躯高分别为1.59和1.68米，桥两侧的水中筑有4座对称的方形石塔，还有1座圆塔；桥的入口处筑有1座白塔，高22米，砖砌5层。

图 1-10 安平桥桥头将军石像

(图片来源于公众号：摄影大视界，2021年10月31日发布)

安平桥桥墩用花岗岩条石横直交错叠砌而成，有长方形、单边船形、双边船形三种不同形式，单边船形墩一端成尖状，另一端为方形，设于水流较缓的港道；双边船形墩两端成尖状，便于排水，设在水流较急而较宽的主要港道。桥上筑憩亭，东端为水心亭，西端为海潮庵，中部的中亭周围保存历代修桥碑记，亭前伫立护桥将军石像，头戴盔，身着甲，手执宝剑，形象威武，系宋代石雕艺术品；在三亭中间，还有两座雨亭；桥面两侧有石护栏，栏柱头雕刻狮子、蟾蜍等形象；桥两侧的水中筑有对称的方形石塔，还有圆塔。桥的入口处筑有白塔，平面呈六角形空心。

图 1-11 安平桥船形桥墩

(图片来源于公众号：摄影大视界，2021 年 10 月 31 日发布)

安平桥的修建，标志着泉州港已进入鼎盛时期。安平桥方便过往商客出行，见证了"涨海声中万国商""市井十洲人"的繁华图景，也留下了诸多史迹，向世人诉说着泉州作为宋元时期我国世界海洋商贸中心的往事。

四、波日桥

波日桥堪称桥梁史上的奇迹，被誉为"康巴第一桥"，位于甘孜藏族自治州新龙县乐安乡境内，横跨雅砻江，气势雄伟、壮观。波日桥全长 125 米，宽 3 米，孔径跨度 60 米，由桥身、桥台、桥亭三部分构成。桥台远看形如两个坚固的碉堡，全部用圆杉木、卵石、片石相间叠砌而成。两个桥台中部，用 4~6 根圆木撑成拱形，圆木长度自下而上逐步递增，形成两个悬臂梁，然后在悬臂梁上架中跨梁、铺上桥板，再装上栏杆，构成桥身。桥台上用石片叠的"伞"形结构，便是桥亭。最为称奇的是，整座桥没有用一颗钉、一块铁，每一个结合部均用木楔连接，原始而实用。

图 1-12　波日桥

（图片来源于公众号：康藏源，2021 年 8 月 27 日发布）

民国十九年（1930 年）西藏噶厦政府的军队从甘孜进驻新龙，为了战略需要，烧毁了城区附近的 6 座藏式伸臂桥。这使原本就处于甘孜藏族自治州肚脐地带的新龙更显得与世隔绝。风雨飘摇中幸存的波日桥，成为当时人们出入新龙的交通要道。由于超负荷使用，破旧不堪的波日桥摇摇欲坠。民国二十二年（1933 年），新龙甲拉西乡一位名叫莫特·亚马的藏族民间建筑师临危受命，承担了维修波日桥的工作。通过几个月的努力，莫特·亚马率领藏族人民冒风雪顶严寒，在保存波日桥历史原貌的基础上，将桥维修一新。1936 年 6 月，红四方面军与红六军团在新龙会师后，经波日桥挥师北上。此后，当地群众亲切地称该桥为"红军桥"。

图 1-13　绿水青山波日桥

(图片来源于公众号：康定微生活，2018 年 9 月 16 日发布)

波日桥经过几百年的风风雨雨，挺立在雅砻江激流之上，虽经多次维修，至今仍保存原有的风貌，是研究康巴地区交通史，建筑桥梁史的实物见证，对传承并弘扬革命文化传统也具有积极意义。同时，整个桥体结构独特，造型粗犷、质朴、美观，显示出康巴人因地制宜，就地取材，独具匠心的奇思妙想，是我国桥梁建筑的精品。

五、江东桥

江东桥，曾叫虎渡桥、江东古桥、通济桥，是中国福建省漳州市境内连接台商投资区和龙文区的一座桥梁，位于九龙江北溪（柳营江）水道之上，是世界上构件最大最重的石梁桥，古称"三省通衢""八闽重镇"，是中国古代十大名桥之一，曾是闽粤、闽湘公路必经之路。江东桥长 284.46 米，宽 6.1 米，全桥为 16 孔，跨径11.7至23.4米不等，两边人行道各0.5米，石梁每条长22至23米、宽1.15至1.5米、厚1.3至1.6米，平均重约200吨，其中最大的石梁长23.7米，宽1.7米，高1.9米，重200余吨；设计载重汽车13吨，拖车60吨。

江东桥历史悠久，宋绍熙间（1190—1194年），在今江东桥位置架设浮桥；宋嘉定七年（1214年），建造石墩木面桥，命名为"通济桥"，又称"虎渡桥"；宋嘉熙元年（1237年），虎渡桥改建梁式石桥；宋淳祐元年（1241年）三月，虎渡桥投入使用；民国十七年（1928年），虎渡桥石梁桥改建为简易的钢筋水泥桥，并更名为"江东桥"；民国十九年（1930年），江东桥建成通车；民国二十七年（1938年），国民政府驻军于厦门沦陷后炸毁江东桥，阻止日军进犯漳州，后又遭日机炸毁3段；1953年，江东桥改建为钢筋混凝土梁贝雷架木面桥；1972年，江东桥在原基础上改建成混凝土结构公路大桥。老桥墩原有15座，其中桥西端4座

图1-14　江东桥

（图片来源于公众号：庄严宗亲，2018年6月7日发布）

为旧式船形桥墩和大石梁，其余 11 座为利用旧基础新建的石台墩。桥东端第一墩堵塞，不起排水作用，改为石台。原中间 1 孔跨径偏大，利用老台基砌建一道石墙，变 1 孔为 2 孔。堵 1 孔，增 1 孔，原桥孔数不变，桥面为钢筋混凝土 T 型连续梁。

图 1-15 江东桥桥头

（图片来源于公众号：庄严宗亲，2018 年 6 月 7 日发布）

江东桥对我国乃至全世界的桥梁文化研究具有举世瞩目的价值。我国劳动人民在建筑技术上有很多创造，例如二百多吨重的石梁架设，据推断也是采用洛阳桥的浮运架设工法，但由于史料匮乏，至今还不完全知晓。

六、滦河大桥

在昌黎与滦州市交界处巍然屹立着一座跨越滦河的铁路桥。这座饱经风霜的铁桥，就是中国著名的铁路工程师詹天佑在 130 多年前主持修建的滦河铁路大桥。如今，这座被人称作"老

图 1-16 中国铁路奠基人——詹天佑

（图片来源于公众号：唐山博物馆，2021 年 1 月 29 日发布）

桥"或"花梁桥"的大桥早已"退休"，但它依然矗立在宽宽的滦河滩上，诉说着中国铁路建设的辉煌历史。

1881 年，开平矿务局雇用英国技师金达筑成了中国第一条自建标准轨铁路——唐胥铁路。后来，在直隶总督李鸿章的支持下，金达又负责古冶至山海关的铁路工程。修建这条铁路最重要也是难度最大的工程就是修建滦河大桥。一开始，滦河大桥工程相继被英、日、德工程师包工承建，但因滦河水大流急、淤沙过厚，均告失败。当时中国铁路工程师詹天佑临危受命，负责建设这座铁路桥。他详尽分析了各国失败原因，又对滦河底的地质土壤进行了周密的测量研究之后，决定改变桩址，采用中国传统的方法，让中国的潜水员潜入河底，配以机器操作，顺利完成了打桩任务，建成滦河大桥。

滦河大桥于 1894 年 2 月竣工，为单线铁路桥，全长 670.6 米，是当时全国最长的铁路桥，也是这条铁路上的标志性建筑。大桥共 17 孔，自山海关端起为 9 孔 30.5 米上承式钢桁梁、5 孔 61 米下承式钢桁梁、1 孔 30.5 米上承式钢桁梁、2 孔 9.14 米上承式钢板梁。桥梁装饰具有鲜明的中国文化特色：西桥台南北两侧分别镌刻有直径约 1 米的太极图；东桥台的南北两侧和主桥东西两端桥门架上，有龙饰 4 处；东桥台上的"巨龙腾云"石雕长 8.5 米，高

1.2米，神采奕奕，活灵活现，至今保存完好；钢桁梁桥门架上的"二龙戏珠"为铜铸构件，龙身舞动，栩栩如生，可惜现已丢失。

图1-17 滦河铁桥

(图片来源于公众号：唐山博物馆，2021年1月29日发布)

在滦河岸边还能看见1949年修建新桥的纪念碑，上面写着"北宁路全线补修 竣工滦河大桥落成纪念"。现在这座新桥只留下了残存的桥墩在滦河水中若隐若现，而饱经风霜的滦河大桥已经成为历史文物，闪烁着岁月的耀眼光彩。如今，在老桥和新桥之间又架起了一座现代化的铁路桥，和谐号不时在上面疾驰而过，依稀能看到滦河铁路大桥的百年沧桑与辉煌。

七、钱塘江大桥

钱塘江大桥，又名钱江一桥，是中国浙江省杭州市境内的一座跨钱塘江双层桁架梁桥，位于西湖之南，六和塔附近钱塘江上，由中国桥梁专家茅以升主持修建，是中国自行设计并建造的第一座双层铁路、公路两用桥。大桥全长1453米，宽9.1米，高7.1米，分引桥和正桥两个部分。正桥16孔，桥墩15座。上层公路桥宽6.1米，两侧人行道各1.5米。下层铁路桥长1322.1米，单线行车。

上部结构中，单孔跨度67米，重260吨；引桥长50米。跨度为48.8米，共4孔（北岸3孔，南岸1孔）。正桥两端各建桥头堡1座。桥头堡下各架16米上承钣梁1孔。北岸公路引桥长288米，在公路引桥的两端各建一座15米的平台。在两座平台间，建50米的钢拱3孔，以承托公路，桥下则为铁路路基；北端公路自平台上向上下游方向分为两支，成八字形，各建9.2米钢筋混凝土框架5孔，分别连接杭富公路及市区道路。南岸公路引桥长93米，其布置与北岸基本相同，但较简单，有15米及9.2米的平台各1座，中间建50米的钢拱1孔。平台以南，仅有通西兴江边一线，建有9.2米钢筋混凝土框架2孔连接沟通。

下部结构共有桥墩15座，木桩每墩160根。桥的上层车行道宽6.1米，两侧人行道各宽1.52米，设计载重人行道为每平方米391千克，汽车荷载为H-15级。桥的下层铁道宽4.88米，高6.7米，设计荷载为E-50级。

钱塘江大桥于1934年动工建造，钱塘江湍急的水流和随水流变迁的泥沙成了建桥最大的难题。在茅以升先生的带领下，施工人员研究出"射水法"，解决了在湍急水流和厚重泥沙中打桩和建立桥墩的难题，最终在1937年9月26日建成通车。大桥通车后，旋即投入支援淞沪抗战，用于运送抗战军用物资、民生物

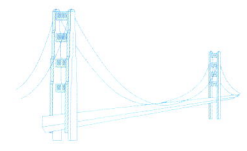

第一章　梁桥

图 1-18　钱塘江大桥夜景

(图片来源于公众号：中国公路，2018年5月20日发布)

资，也成为数十万难民的逃难通道。然而，同年12月23日，为阻止日寇继续前进，茅以升先生接到密令，下令炸桥。随着一声巨响，钱塘江大桥6处截断。1945年8月15日，日本宣布无条件投降，茅以升先生随即带人修复钱塘江大桥，并于1948年修复完成。

图 1-19　茅以升

(图片来源于公众号：偶读说历史，2022年5月12日发布)

钱塘江大桥是茅以升在 20 世纪 30 年代主持修建的中国第一座公铁两用现代化大桥。这座于抗日烽火之中建成的大桥，在中华民族抗击日本侵略者的斗争中书写了可歌可泣的篇章，成为中国桥梁建筑史上的一座里程碑。

八、武汉长江大桥

武汉长江大桥，是湖北省武汉市境内连接汉阳区与武昌区的过江通道，位于长江水道之上，是中华人民共和国成立后修建的第一座公铁两用长江大桥，也是武汉市重要的历史标志性建筑之一，素有"万里长江第一桥"美誉。该桥于 1955 年 9 月 1 日动工兴建；于 1957 年 7 月 1 日完成主桥合龙工程；于 1957 年 10 月 15 日通车运营。

图 1-20　武汉长江大桥

（图片来源于公众号：风景图片库，2017 年 8 月 23 日发布）

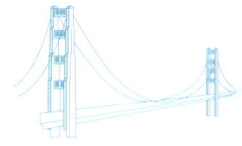

武汉长江大桥是苏联援华 156 项工程之一，全长 1670 余米。其中上层为公路桥，下层为双线铁路桥，桥身共有 8 墩 9 孔，每孔跨度为 128 米，桥下可通万吨巨轮，8 个桥墩中，除了第 7 墩，其他都采用"大型管柱钻孔法"，这是由我国首创的新型施工方法，凝聚着我国桥梁工作者的机智和精湛的工艺技术。

1956 年 6 月，毛泽东题写的"一桥飞架南北，天堑变通途"，正是武汉长江大桥对沟通中国南北交通重要作用的真实写照。作为中华人民共和国成立后我国建设成就的一个重要标志，武汉长江大桥图案入选 1962 年 4 月开始发行的第三套人民币。2013 年 5 月 3 日，武汉长江大桥入选第七批全国重点文物保护单位。

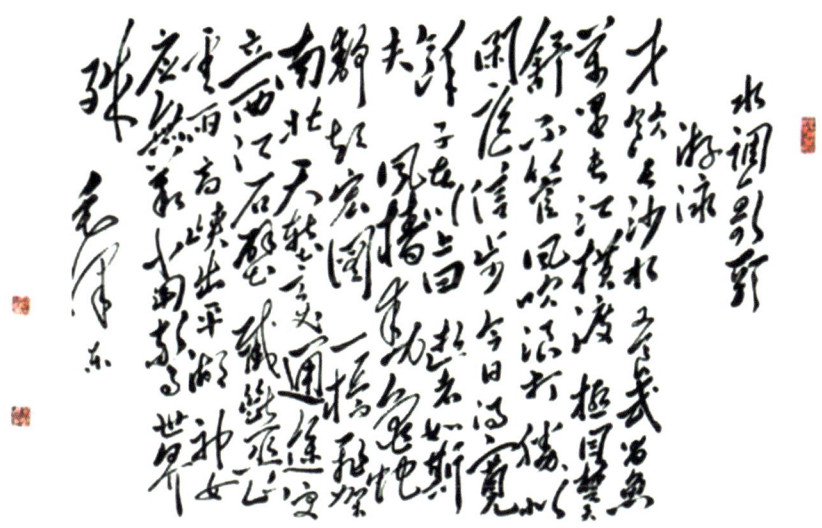

图 1-21　毛主席为武汉长江大桥题词

（图片来源于公众号：风景图片库，2017 年 8 月 23 日发布）

武汉长江大桥是中华人民共和国成立后在"天堑"长江上修建的第一座大桥，是中国第一座复线铁路、公路两用桥。武汉长江大桥建成之后，成为连接我国南北的大动脉，对促进南北经济的发展起到了重要作用。武汉长江大桥凝聚着设计者匠心独运的机智和建设者的技艺。大桥历经了多年风雨仍然坚固如初，傲然静卧。它不仅是长江上一道亮丽的风景，也是一座历史丰碑。

图 1-22　武汉长江大桥与鹦鹉洲长江大桥交相辉映

（图片来源于公众号：风景图片库，2017 年 8 月 23 日发布）

九、南京长江大桥

南京长江大桥位于南京市鼓楼区下关和浦口区桥北之间，是长江上第一座由中国自行设计和建造的双层式铁路、公路两用桥梁，在中国桥梁史和世界桥梁史上具有重要意义，是中国经济建设的重要成就、中国桥梁建设的重要里程碑。它不仅是新中国技术成就与现代化的象征，更承载了中国几代人的特殊情感与记忆。

南京长江大桥是中国东部地区交通的关键节点，上层为公路桥，长4589米，车行道宽15米，可容4辆大型汽车并行，两侧各有2米多宽的人行道，连通104国道、312国道等跨江公路，是沟通南京江北新区与江南主城的要道之一；下层为双轨复线铁路桥，桥宽14米，全长6772米，连接津浦铁路与沪宁铁路干线，是国家南北交通要津和命脉。大桥由主桥和引桥两部分组成，主桥9墩10跨，长1576米，最大跨度160米。通航净空宽度120米，桥下通航净空高度为设计最高通航水位以上24米，可通过5000吨级海轮。

图1-23 南京长江大桥全貌

（图片来源于公众号：南京日报，2018年12月9日发布）

南京长江大桥是南京的标志性建筑、江苏的文化符号、中国的辉煌，也是著名景点，被列入"新金陵四十八景"。从1970年至1993年，先后接待100多个国家和地区的600多个代表团，来此观览的国内外游客更是难以计数。大桥建设8年，耗资达2.8758亿元人民币，使用38.41万立方米混凝土，6.65万吨钢材。1960年以"世界最长的公铁两用桥"被载入《吉尼斯世界纪录大全》，2014年7月入选不可移动文物，2016年9月入选首批中国20世纪建筑遗产名录。

图1-24　南京长江大桥桥头堡建筑

(图片来源于公众号：南京日报，2018年12月9日发布)

南京长江大桥的成功建设，以及中国在建桥过程中研发出的低合金桥梁钢和深水基础工程等技术，是中国桥梁建设的里程碑。它建成通车，成为沟通南北的交通大动脉，标志着我国的桥梁建设技术达到世界先进水平。它的建成开创了中国"自力更生"建设大型桥梁的新纪元，被看作是"自力更生的典范"和"社会主义建设的伟大成就"，也被称为"争气桥"。

十、重庆长江大桥

重庆长江大桥，又称"石板坡长江大桥"，是中国重庆市境内连接渝中区与南岸区的过江通道，位于长江水道之上，是长江中游第一座特大型城市公路桥,也是重庆市西南部城市主干道的重要构成部分。重庆长江大桥于1977年11月26日动工兴建,于1981年1月26日通车运营;复线桥于2003年12月28日动工建设,于2006年9月26日通车运营。

重庆长江大桥两桥中心线之间相距25米,总宽40米,其中原旧桥线路全长1120米,全宽21米。

图1-25 重庆长江大桥

(图片来源于公众号:每日桥梁,2021年3月4日发布)

复线桥线路全长1103.5米,为世界第一大跨梁桥。其中主跨330米,全宽19米,主跨跨中设置了103米长的钢箱梁,两端各有2.5米长的钢混结合段,钢箱梁总长108米。

重庆长江大桥复线桥利用钢结构和预应力混凝土结构各自的优点,在充分认识预应力连续刚构体系力学行为的基础上,通过大量的科学研究、试验、精心设计、精心施工与有效的控制,建成了独特的钢与混凝土混合连续刚构体系,减轻跨中梁段重量,使连续刚构桥跨越能力增强,结构行为更趋合理,其设计理念以及建设技术具有创新性。

图1-26　叶剑英为重庆长江大桥题字

(图片来源于公众号：每日桥梁，2021年3月4日发布)

十一、援马尔代夫中马友谊大桥

援马尔代夫中马友谊大桥位于马尔代夫首都马累岛和机场岛之间，连接马累岛和新城胡鲁马累岛的新型开发区，是中国国家主席习近平2014年访马期间，与时任马尔代夫总统亚明共同商定的项目。该项目由中国援助，由两国政府共同出资实施。

大桥跨越噶杜海峡，线路总长2000米，由桥梁、填海路堤及道路等工程组成。主桥全长760米，马累侧引桥长540米，胡鲁马累侧引桥长90米。主桥为主跨180米的V型墩六跨连续刚构桥，按照中国城市主干路标准设计，设计使用寿命100年。

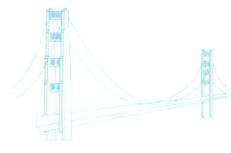

第一章 梁桥

图 1-27 航拍中马友谊大桥

(图片由中交公路规划院秦建军提供)

中马友谊大桥的景观与造型设计研究由长安大学罗晓瑜团队主持承担。罗晓瑜团队研究了桥型环境适应性、主桥跨径比例、主梁线形、斜腿造型细节、主引桥过渡、引桥桥墩造型、主梁色彩以及桥头堡景观工程等内容,确保了中马友谊大桥景观与造型的科学与合理性。

图 1-28 中马友谊大桥岸侧实拍

(杜才良 摄)

031

这座桥梁的建成,结束了马尔代夫首都马累岛和机场岛之间只能靠轮渡进行交通联系的时代,为马尔代夫带来巨大的经济和社会效益。大桥见证了中国和马尔代夫的友谊,见证了中国"一带一路"倡议的卓越成果。

图1-29　中马友谊大桥开通典礼现场

(杜才良　摄)

大桥通车第二天,百对新人上桥举行了盛大的集体婚礼。

图1-30　中马友谊大桥通车第二天的集体婚礼现场

(图片由中交公路规划院秦建军提供)

第二章
拱 桥

——跨江越河，连通世界

第一节 拱桥的由来

拱桥是一种既古老又年轻的桥型。说它古老,是因为它最能经受住时间的考验,今天还能够看到的上千年前修建的古桥,多为石拱桥;说它年轻,是因为它仍具有强大的生命力,今天人们仍在建造各式各样的拱桥。那么,人类是如何学会建造拱桥的?

关于拱桥的起源,大体上有以下几种假说。

第一种是"天生桥说",即指古人受到自然界中天生桥的启发,学会了建造圬工拱桥。岩石经历了千百万年内外力地质作用影响形成了孔洞,造就了千姿百态的天生桥,如图2-1,这种大自然的鬼斧神工也许是古人尝试建造拱桥的灵感来源。

图2-1 贵州水城天生桥

(图片来源:老白晓集桥网,贵州桥梁——六盘水篇部分)

第二种是"叠涩拱说"。所谓叠涩拱，就是采用砖或石，借助逐层外挑跨空的砌筑方法，形成的一个空间（筒状或穹顶状）或可跨越一段距离的拱状物，如图2-2（a）。在此之前，若想跨越一段距离，只能搭建条石。条石大了，不好开凿和运架；条石长了，又易断裂。借助叠涩的方法，就可采用较小尺寸的砖石搭建出较大尺寸的空间或跨越较长的距离。古人先在墓穴、宫殿和房屋的建造中使用叠涩拱，后也用来造桥。早年中国西南地区的一些桥梁，如图2-3的云南腾冲太极桥，仍保有明显的叠涩痕迹。

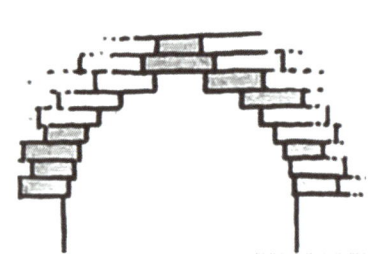 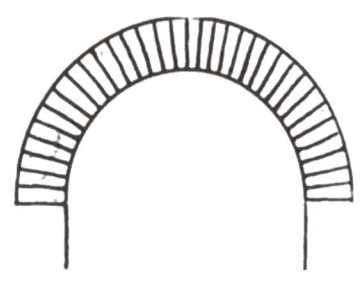

（a）叠涩拱（"假"拱）　　　　（b）拱券（"真"拱）

图2-2　叠涩拱与拱券

（图片来源于公众号：西南交大桥梁——亚东桥话16，2017年2月13日发布）

图2-3　云南腾冲太极桥

（图片来源于公众号：西南交大桥梁——亚东桥话16，2017年2月13日发布）

第三种是"折边演进说"。这种说法，基于刘敦桢先生所著的《中国古代建筑史》。他根据对中国汉代砖墓结构演变的考证，认为在西汉与东汉之间，砖墓结构由最初的平板逐步变为折边拱，最后演进为圆拱（如图 2-4）。有说法认为，在西汉与东汉之间，世界上已有较多的拱券结构（如图 2-2（b）），也建成了一些石拱桥，但这种假说大概只能限定为对中国本土拱桥起源的一种探讨。不过，无论中外，有足够的考古证据表明，拱桥的起源与地下或地上的墓穴建筑有着密切的关系。

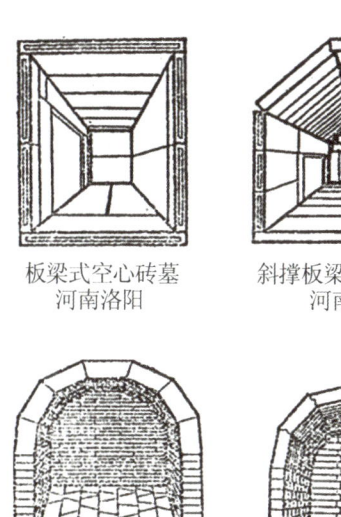

板梁式空心砖墓　　斜撑板梁式空心砖墓　　折线嵌楔形空心砖墓
河南洛阳　　　　　河南洛阳　　　　　　　河南洛阳

折线楔形空心砖墓　　折线楔形企口空心砖墓　　半圆弧形小砖券墓
四川成都　　　　　　四川成都　　　　　　　　四川成都

图 2-4　中国汉代砖墓拱结构的演变

（图片来源于公众号：西南交大桥梁——亚东桥话 16, 2017 年 2 月 13 日发布）

第二节 拱桥的受力

如图2-5，以中承式拱桥为例，拱桥主要由上部结构主拱圈、桥面系、吊杆和下部结构墩台组成。

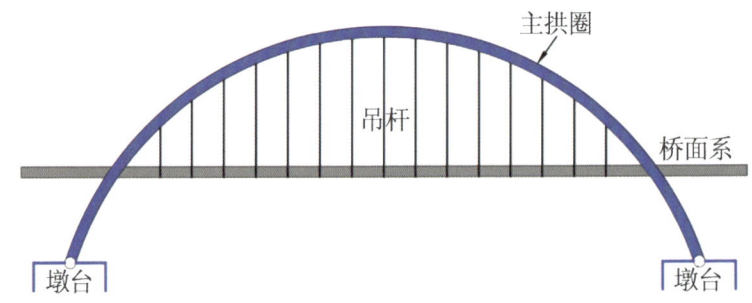

图2-5 中承式拱桥

（张维烈 制图）

拱的受力特点与梁的最大区别就是存在水平推力——拱桥在桥面竖向荷载的作用下，墩台的支承处不仅产生竖向反力，还会产生水平推力。由于这个水平推力的存在，拱的弯矩将比相同跨径梁的弯矩小很多，即在车辆、行人的作用下不会产生像梁那样大的弯曲变形，拱主要沿主拱圈承受压力，如图2-6。所以，在拱桥中，主拱圈是主要承载构件，承受桥上的全部荷载，并把荷载传递给墩台和基础。

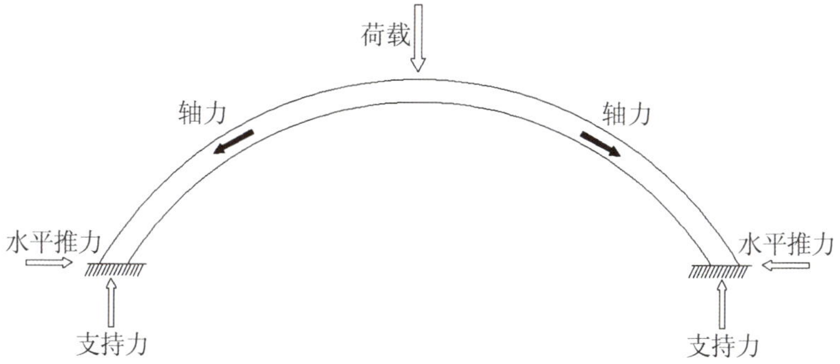

图 2-6 拱的受力

（张维烈　制图）

由于拱桥具有承受压力的特点，在拱桥的建造中，往往采用受压性能较好的材料，如石料、混凝土、砖等，其中，石拱桥的历史最为悠久。

第三节 我国著名的拱桥

一、赵州桥

赵州桥，又名安济桥，位于河北省石家庄市赵县城南洨河之上，始建于公元595—605年，由匠师李春主持设计建造，距今已有1400余年的历史。1956年，在文化部领导下，由桥梁专家何福照先生（后任长安大学前身西安公路学院教授）主持，完成了对赵州桥的加固。赵州桥桥身全长64.4米，拱顶宽9米，拱脚宽9.6米，跨径37.02米，拱矢7.23米。主拱的两端各有两个小拱，小拱净跨分别为2.85米和3.81米。桥体由28道并列券拱砌筑，并用勾石、收分、蜂腰、伏石"腰铁"连结加固，提高了整体性。桥面两侧有42块栏板和望柱，雕刻精美，栏板上雕的"斗子卷叶"和"行龙"，半圆雕刻，比例适度，线条流畅。赵州桥是一座单孔割圆式敞肩石拱桥，因桥两端肩部各有两个小孔，故又称敞肩桥，是世界上现存年代久远、跨度最大、保存最完整的单孔坦弧敞肩石拱桥，其建造工艺独特，在世界桥梁史上首创"敞肩拱"结构形式，具有较高的科学研究价值；雕刻刀法苍劲有力，艺术风格新颖豪放，显示了隋代浑厚、严整、俊逸的石雕

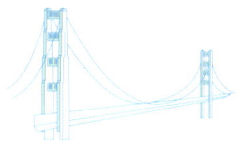

风貌，桥体饰纹雕刻精细，具有较高的艺术价值。赵州桥在中国造桥史上占有重要地位，对全世界桥梁建筑有着深远的影响。

图 2-7　赵州桥全貌

（图片来源于公众号：桥梁杂志——古为今用：赵州桥启示录，2015 年 4 月 10 日发布）

赵州桥，是根据地名命名的。自北齐天保二年（551 年）改殷州为赵州，赵州之名始于此。故以地名为桥名，俗呼赵州桥，或曰赵州石桥。安济桥是赵州桥建成 590 年后，由北宋哲宗皇帝赵煦赐名，并以此为正名。据考，北宋周辉《北辕录》载："未至城（赵州）五里渡河石桥，石桥从空架起，工极坚致，南北长十三丈，阔四之一，实隋人李春所造。元祐间赐名安济，有张果老驴迹。"乃取"利贯金石，强济天下，通济利涉，安全渡过，万民以福"之意。

图 2-8　赵州桥栏板雕刻

(图片来源于公众号：桥梁杂志——古为今用：赵州桥启示录，2015 年 4 月 10 日发布)

图 2-9　赵州桥建造师
李春雕像

(图片来源于公众号：桥梁杂志——古为今用：赵州桥启示录，2015 年 4 月 10 日发布)

李春将赵州桥的基址选在洨河的粗砂之地，是因为以粗砂为根基可提升桥梁的承重力度，以确保桥梁的稳定性。在结构上，赵州桥采用拱肩各建两个对称小拱伏的敞肩拱形式，符合结构力学原理，增加排水面积 16.5%，节省石料。在建造工艺上，赵州桥建造时选用了附近州县生产的质地坚硬的青灰色砂石作为石料，主拱采用割圆拱形式，使石拱高度降低，实现了降低桥面和增大跨度的双重目的。

二、虹桥

汴水虹桥,位于河南开封,始建于北宋(1041—1048年),跨越汴河两岸,是古代桥梁的杰作。桥梁形式采用单孔木拱桥,桥长16.8米,宽4米,桥梁施工采用无支架施工法,整座桥都不用榫头和钉子,木材全部捆绑结扎起来,连成一片。桥的两旁有木拱,桥的坡变平坦,行走舒适,拱梁的两端分别雕刻狮、虎头像,既使桥梁外表美观,又反映了我国的建桥特色和民族风格,为900多年前的这座古都增添了生机和神韵。

图2-10 汴水虹桥(清明上河图)

(图片来源于公众号:西南交大桥梁——亚东桥话29,2018年1月6日发布)

虹桥首创于山东青州,宋仁宗明道年间,青州漳水上所架有柱的桥常被夏洪冲毁,一位曾当过狱卒的智者发明了以木材构筑的大跨径、无桥柱的飞桥,数十年不坏。北宋著名桥工匠师陈希亮仿照山东青州飞桥,在汴水上建了一座无柱飞桥,由于桥的中间部分高高拱起,远远望去,形如彩虹,因而被称为虹桥。

汴水虹桥，如长虹卧波，古朴典雅，却随着北宋的覆亡与干涸淤死的汴河河道一起湮灭在历史的尘埃中。1999年9月，《中国桥梁史》主编唐寰澄先生从史书中考证，以《清明上河图》为蓝本，采用新技术和新材料复建虹桥，并在桥乡金泽造普庆桥，再现当年的桥姿风采。

图2-11　金泽普庆桥（仿汴水虹桥）

三、卢沟桥

卢沟桥，亦称芦沟桥，位于北京市丰台区永定河，因横跨卢沟河（即永定河）而得名，卢沟桥始建于金大定二十九年（南宋淳熙十六年，1189年）六月，是北京市现存古老的石造联拱桥。卢沟桥全长266.5米，桥两侧雁翅桥面呈喇叭口状，入口处宽32米，桥身总宽9.3米（含地袱、仰天和栏杆），桥面宽7.5米。有桥墩10座，共11个桥孔，全以白石建造。桥身、拱、桥墩以腰铁牢固，桥墩呈船形，迎水面砌作分水尖，尖端加装三角铁柱，称"斩凌剑"，以抗御洪水和春冰。东西两端拱券各11.5米，中间拱券 13.42 米。中心主桥孔跨度 21.6 米，余孔渐收，近岸孔跨度约 16 米。两侧桥栏有石雕栏板 279 块，望柱共 281 根，南侧有望柱 140 根，北侧有 141 根。望柱间距约 1.8~2 米，柱高 1.4 米。柱间各嵌石栏板，栏高约 0.85 米。每根柱头均雕有大石狮，在其头上、足下或胸前背后又雕有一些小石狮，大小总计 501 只。桥两端东有石狮，西为石象，紧抵桥头望柱。卢沟桥桥面略呈弧形，两端较低，中间隆起。桥墩、拱券以及望柱、栏板、抱鼓石、华表等都用天然石英砂岩及大理石砌筑，而桥面却是用天然花岗岩巨大条石铺设而成。

图 2-12　卢沟桥全貌

(图片来源于公众号：桥梁杂志　唤醒古桥档案：
全国重点文物桥梁统计，2021 年 5 月 28 日发布)

卢沟桥桥下河床铺设几米厚的鹅卵石和石英砂，整个桥体砌筑其上，坚实稳固。桥墩平面呈平底船形，北为上游，是进水面，砌筑分水尖，状若船头，长 4.5~5.2 米，约占桥墩四分之一。在每个分水尖的前端，各装有一根三角铸铁，边宽 26 厘米，锐角向外，以减轻洪流和冰块冲击，保护分水尖的稳定。在分水尖上面，又盖了六层分水石板，称凤凰台，下两层挑出，以上各层逐次收进，高 1.83 米，既增加了分水尖的稳定性，也对桥墩的承载压力起到了平衡作用。

图 2-13　卢沟桥花岗岩桥面

(图片来源：纪录片 . ZDF. 马可·波罗的秘密档案 . The. Secret. File. of. Marco. Polo. 2014)

　　古时，每当黎明斜月西沉之时，明月倒映水中，更显明媚皎洁，所以"卢沟晓月"从金章宗年间就被列为"燕京八景"之一。1698 年重修时，康熙帝下令在桥西头立碑，记述重修卢沟桥的事。桥东头则立有乾隆帝亲笔题写的"卢沟晓月"碑。

　　1937 年 7 月 7 日晚，驻屯北平南郊的日军以军事演习中一名士兵失踪为借口，要求进入宛平城搜查，日方的无理要求，遭到中国驻军的拒绝。早有准备的日军悍然炮轰我军防地。驻卢沟桥和宛平城的中国守军奋起抵抗。这就是"七七事变"，又称"卢沟桥事变"。七七事变标志着中国全民族抗战的开始。

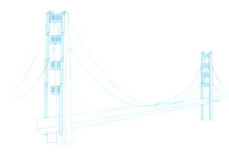

图 2-14 "卢沟晓月"汉白玉碑

(图片来源于公众号:桥梁杂志——唤醒古桥档案:全国重点文物桥梁统计,2021 年 5 月 28 日发布)

中华人民共和国成立后,对卢沟桥的石狮子进行了多次大修或翻修,但是在修缮时没有按照原来的数据去翻刻,石料选择的标准也不同,有好有坏,参差不齐。总体来说,卢沟桥上的 501 只石狮子历经金、元、明、清、民国、新中国各个时期的修补,融汇了各个时期的艺术特征,成为一座自金代以来历朝石雕艺术的博物馆。1961 年卢沟桥被公布为第一批国家重点文物保护单位；1985 年卢沟桥正式"退役"；1991 年卢沟桥进行封闭管理。

图 2-15　卢沟桥形态各异的石狮子

（图片来源于公众号：桥梁杂志——唤醒古桥档案：全国重点文物桥梁统计，2021 年 5 月 28 日发布）

四、宝带桥

宝带桥，别名长桥，位于江苏省苏州市长桥街道，该桥在东方大道与吴东路交界处，起于大运河，上跨玳玳河水道，终至澹台湖，桥梁全长 316.8 米，宽 4.1 米，桥孔 53 个。宝带桥是中国古代十大名桥之一，也是中国现存的古代桥梁中最长的一座多孔石桥。乾隆在《过宝带桥有咏》中写道："金阊清晓放舟行，宝带春风波漾轻。孔五十三易疏泄，涨痕犹见与桥平。"

唐元和十二年（817 年），宝带桥由刺史王仲舒主持建造，筹措建桥资金时，王仲舒带头将自己身上的宝带捐出来，宝带桥之名由此而来,又有说因桥似宝带浮于水上而得名。唐元和十四年（819年），宝带桥竣工投入使用；明正统十一年（1446年），宝带桥重新建设，形制与规模基本沿袭至今；清同治二年（1863年），英军戈登驾舰攻打苏州，宝带桥连续倒塌；1956年，宝带桥修葺恢复旧观。

图2-16 宝带桥全貌

（图片来源于公众号：桥梁杂志——唤醒古桥档案：全国重点文物桥梁统计，2021年5月28日发布）

截至2014年6月，宝带桥桥堍（桥头）呈喇叭形，桥两端原有青石狮一只，桥北有石碑亭和石塔各一座，第27孔与28孔之间水盘石上也有石塔一座，桥下第14、15、16孔三孔的跨径加大，桥面也逐渐升高，第13至第17孔间桥面隆起形成弓形弧线，第15孔处为全桥弓形弧线的顶点。全桥各孔均可通航，其中3个大孔净空较高，可通过大型船舶。在桥中部设此3个大孔，其余均设小孔的方案，可降低桥面，节省工程量。桥址地基薄弱，采用木桩基，桩头间用石块嵌紧，上建较窄的条石墩基，坚实可靠，且不阻碍泄洪；从北端计第 27 号墩是由两个桥墩并立而构成的刚性墩，能抵抗单向推力，避免全桥多跨连续倒塌，这种应用联拱的方法，对其他若干个墩起到很好的保护作用。

图 2-17　宝带桥青石狮

(图片来源于公众号：桥梁杂志——唤醒古桥档案：全国重点文物桥梁统计，2021 年 5 月 28 日发布)

五、人字桥

人字桥一般指五家寨铁路桥，亦称次南溪河铁路桥，又称为弓弩手桥、昆河线 135 号桥，是滇越铁路线一座肋式三铰拱钢桥，该桥位于中国云南省红河哈尼族彝族自治州屏边苗族自治县和平乡五家寨四岔河大峡谷 119 和 120 号隧道之间，该桥是滇越铁路的标志性工程，也是研究滇越铁路及中国桥梁史的重要实物资料，被列入《世界名桥史》。

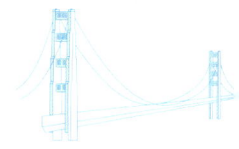

第二章 拱桥

图 2-18 人字桥

(图片来源于公众号：桥梁艺术——中国工业遗产：滇越铁路人字桥，2022 年 5 月 3 日发布)

五家寨铁路桥桥长 71.7 米（包括与山体连接部分），宽 4.2 米，高 102 米，桥面距离谷底深泓线 102 米，全用钢板、槽、角钢、铆钉联接而成。1998 年 11 月 13 日，被公布为云南省文物保护单位。2006 年 5 月 25 日，被国务院批准列入第六批全国重点文物保护单位名单。

051

五家寨铁路桥始建于 1907 年 3 月 10 日，由法国巴底纽勒工程建筑公司的工程师保罗·波登根据应用力学原理设计，并由其公司承建。滇越铁路修建工程沿南溪河岸溯流而上，当铁路延伸到四岔河谷时，在两座高 200 米的山峰之间，离谷底深泓线高 100 米处，两侧相距约 70 米的绝壁之间，必须架设一座铁路桥梁，以跨越这道高 100 米、宽约 70 米的深峡，连接两端的隧道。清光绪三十年（1904 年）施工前，由法国施工人员将该地势地形摄成图片，带回法国广征造桥方案。工程师保罗·波登以"桥梁结构为桁肋式铰拱钢桥"的图纸夺标。

图 2-19　人字桥近景

（图片来源于公众号：云南省人民政府网，图集：航拍屏边"人字桥"
滇越铁路上的工程奇迹，2019 年 5 月 8 日发布）

五家寨铁路桥建设中为了便于从法国运输材料到中国云南路段，要求制造桥梁时的构件最重不超过 140 千克。工程所需的全部钢铁构件都在法国预制成，再在施工现场组拼铆合而成，2 根吊装用的长355米、总重5000多千克的铁链，由200名劳工历时3天用肩扛到工地。施工从开凿河岸峭壁两端隧道口的桥台开始，在两端洞口距轨顶面高19.17米的峭壁上，开挖宽4.4米、高3.8米、深4米的施工山洞，以安置铰车及滑车等起重设备。之后在隧道下方的设计高度构筑钢筋混凝土的拱座承台，并在其上安置铸钢球型支座。前两项准备工作完成后，即开始吊装，最后铺设桥面及轨道。

五家寨铁路桥托起的不仅是180吨重的自身桥梁，百年来，它承载过南来北往的列车何止数十万趟次，运送旅客人员数以亿计。1910年滇越铁路滇段开通，运量为6万余吨；2004年，年运输量达750万吨，对地方经济发展起到了不可替代的作用。人字桥更见证了中国与世界发生的一系列重大事件：河口起义、护国起义、抗日战争、解放战争、援越抗法、援越抗美、自卫反击、对外开放、东盟贸易。其承载的荣辱与沧桑、丰富多元的历史文化内涵，书写了永远无法抹去的浓墨重彩。

六、乌巢河大桥

乌巢河大桥位于湖南湘西凤凰县境内沱江上游的乌巢河V型峡谷之中，被称为天下第一大石桥，飞架于乌巢河深谷之上。桥东是高耸天半的大马山，桥西是直插霄汉的骆驼山，一桥横跨东西，若巨龙腾飞，气势磅礴。大桥以青灰色白云岩为石料，采用全空石肋拱式结构，主拱净跨120米，为石拱桥世界之最。桥长241米，宽8米，高42米。乌巢河大桥规模之宏伟，结构之科学，造型之优美，工艺之高超，为桥梁专家所推崇，专家认为乌巢河大桥开创了公路大跨石拱桥的新水平。

图 2-20　乌巢河大桥外貌

(图片来源：搜狐网，2020 年 4 月 9 日发布)

乌巢河大桥是桥梁专家田云跃的杰作。1989 年动工，历时一年，1990 年竣工通车。位于地质大断层区，地基采用帷幕灌浆固结处理。主桥为全空式拱上构造，比传统的石拱节省材料 37%，经静载试验验证，桥梁质量优良，安全可靠。乌巢河"天下第一大石桥"的建成，是湘西各族人民的光荣和自豪，它以最低的造价，最大的胆略建成了当今世界第一流的大石桥，比四川丰都九寨沟大石桥主跨 116 米多 4 米，建成时跨径居全国之首。它结构精美，宏伟壮观，是我国公路石拱桥建设史上新的一页。我国第一任交通部部长王首道的题词"天下第一大石桥"七个大字刻石立在桥头，熠熠生辉。大桥对圬工拱桥的造型、结构、材料、工艺、拱架等进行大胆改革和探索，创造了六种桥型新结构，将空、悬、挑、精、美五字工艺有机结合起来。盘绕山峰，出入云表；近看河如碧瑕，弯弯曲曲，穿峡而去；俯视桥下，农舍隐约，翠竹掩映，鸡犬相闻。立于桥上，山风徐徐，清凉爽快，绿水青山，尽收眼底，令人心旷神怡。乌巢河大石桥的建成通车，为少数民族边远地区架起了通向幸福的彩桥，铺就了经济繁荣的五彩缤纷之路。乌巢河大石桥也是旅游的一大奇观。

图2-21 "天下第一大石桥"俯瞰

（图片来源于公众号：桥梁杂志，2018年4月6日发布）

七、大胜关长江大桥

南京大胜关长江大桥是中国江苏省南京市境内一座跨长江的高速铁路桥梁工程，是京沪高速铁路的控制性工程之一，其结构布置为六跨连续钢桁梁拱桥，桥上的轨道为六线，大桥由北岸引桥、北岸合建区段引桥、水域合建区段主桥、南岸合建区段引桥、南岸引桥共同构成，建成时是世界首座六线铁路大桥，是世界上跨度最大的高速铁路桥，也是世界上设计荷载最大的高速铁路桥。

南京大胜关长江大桥位于南京长江第三大桥上游1.55千米处，南京长江大桥上游约20千米处，全长9273米，主桥长1615米，其中，主跨为2×336米。南京大胜关长江大桥通航净空32米，可通航万吨级船舶，大桥支座最大承重达18000吨，可承受8级地震和大风。截至2010年7月，南京大胜关长江大桥设计速度最大值为300千米/时，可同时行驶3种速度完全不同的列车。其中包括京沪高速铁路旅客列车（300千米/时）；客货共线的沪汉蓉快速客运通道旅客列车（160千米/时～200千米/时）；南京地铁S3号线地铁列车（80千米/时）。

图2-22　大胜关长江大桥

(图片来源于公众号：超级建筑：南京大胜关长江大桥显神威，地铁高铁并肩跨长江！2017年12月7日发布)

大胜关长江大桥建设过程中遇到了很多难题，如中国最大的主墩深水基础双壁钢吊箱围堰如何整体制造、下河、浮运施工，钢围堰在水深流急、涨落潮差中如何精确定位，水上大型浮吊安装主桥墩顶钢梁如何满足精度要求和对位，六跨连续钢桁拱架设中悬臂长、合龙口多、杆件吊重大，钢梁大悬臂拼装施工、三片

主桁超静定合龙、合龙杆件数量多、精度控制高等。建设者根据建设需要首次采用了 Q420 级高强度、高韧性与焊接性能良好的新型钢材，主桥钢梁首次采用了三片主桁承重结构、正交异性钢桥面板，研制使用了 400 吨全回转浮吊、大扭矩钻机、70 吨变坡爬行架梁吊机和高 70 余米、重 2000 余吨的三层吊索塔架等新材料、新结构、新设备、新工艺，解决了技术难题。

八、卢浦大桥

卢浦大桥是中国上海市境内连接黄浦区与浦东新区的过江通道，位于黄浦江水道之上，为上海南北高架路组成部分之一。卢浦大桥始建于 2000 年 10 月，于 2002 年 10 月 7 日完成主桥合龙，于 2003 年 6 月 28 日通车运营。卢浦大桥线路全长 8722 米，宽度为 480 米，其中主桥全长 750 米，主跨 550 米，矢跨比 1∶5.5，主桥桥面竖曲线半径 9000 米；大桥拱肋顶宽 5 米，底宽 3 米，平面倾斜度 1∶5，拱脚横桥向间距 51 米，拱顶横桥向间距 11 米；桥面总宽 29.8 米。

卢浦大桥桥身呈优美的弧型，如长虹卧波，飞架在浦江之上。设计者根据大桥处于宽阔水域的特点，让大桥很好地融入城市空间的整体之中，并将江面水色作为大桥主体的背景，使江面能映出大桥壮观秀丽的倒影，让大桥成为市民和游客欣赏景观和休闲游览的好地方。

卢浦大桥以弧线的中承式拱桥呈现，不仅能在保证主航道要求的前提下最大限度地缩短主桥的跨度，同时，其柔和顺滑的曲线和闭合通透的空间，还能区分当时已建有的南浦、杨浦、徐浦三座大桥。

图 2-23　卢浦大桥中承式外观

(图片来源于公众号：桥梁杂志，2014 年 8 月 22 日发布)

  卢浦大桥主桥为空间提篮中承式拱梁组合体系钢拱桥，主桥两边跨端横梁之间布置强大的水平拉索，以平衡中跨拱肋的水平推力，加劲梁通过吊杆或立柱支承于拱肋之上；边跨加劲梁分别在中跨和边跨的拱梁交会处与拱肋固结；中跨加劲梁的两端支承于中跨拱梁交会处的横梁上，端支承为纵向滑动支座，横向和纵向设置阻尼限位装置。卢浦大桥的拱肋截面形状为陀螺形，拱肋加劲采用 T 型加劲；边跨三角区系梁截面为闭口钢箱梁，边跨系梁与拱肋、立柱、边拱末端横梁、中跨拱梁结合段横梁固结；中跨系梁为开口钢箱梁，通过吊杆支撑于拱肋之上，两端则通过支座与中跨拱梁结合段横梁相连接。

  截至 2009 年 5 月，游客可乘坐高速观光电梯直达 50 米高的卢浦大桥桥面，沿大桥拱肋人行道拾级而上，走 300 多级台阶后，登上 100 米高的拱肋顶端，站在篮球场大小的观光平台上眺望浦江美景。

图 2-24　卢浦大桥入口

（图片来源于公众号：上海发布（交通），2020 年 10 月 30 日发布）

九、朝天门大桥

朝天门大桥是重庆市境内连接江北区与南岸区的过江通道，位于长江水道之上，是重庆主城区向外辐射的东西向快速干道，建成时为世界上跨度最大的拱桥。朝天门大桥始称王家沱长江大桥，后曾被命名为红岩长江大桥，于 2004 年 2 月改为现名。2004 年 12 月，朝天门大桥动工兴建。2009 年 4 月 29 日，大桥正式通车。朝天门大桥西连江北区五里店，东接南岸区弹子石；线路全长 1741 米，主跨长 552 米；桥面上层为双向 6 车道主干道 I 级公路，设计速度 60 千米/时；桥面下层为 2 条双向轨道交通，并在两侧预留 2 个车道。

大桥设计方案名为"城市之门"，规划之初即被定位为江上城市之门，突出景观效果；船近重庆城，穿过由"解放碑"桥墩和大桥桥面构成的"城市之门"，可见渝中半岛。大桥除桥墩外通体红色，设计入水桥墩少，对江面景观破坏小，将解放碑和朝天门这两张城市名片融为一体。此外，大桥的两个主墩原计划设计成解放碑的样子，一剖两半，分成四个柱子，托起大桥。桥墩上原计划设计有观景台，用于观赏朝天门两江汇流和山城夜景。

考虑通航孔双向通航条件，大桥采用三跨连续钢桁系杆拱桥，中间主跨通航，两侧边跨不通航；主梁采用两片主桁，两侧边跨为变高度桁梁，中跨为钢桁系杆拱。上层系杆采用"H"形断面，下层系杆采用主桥为"王"形断面+辅助系索的组合结构，钢结构系杆端部与拱肋下弦节点相连接，下层辅助系索锚固于系杆端节点处。设置辅助系索的目的在于降低下层钢结构系杆杆力，使杆件设计尺寸及板厚控制在适当范围之内，减少用钢量。重庆朝天门大桥的建成通车，对于完善主城区交通路网，改善城市形象具有重要作用。

图 2-25 朝天门大桥

（图片来源于公众号：渝航之声——朝天门大桥的前世今生，2021年11月8日发布）

第三章

悬索桥

桥

—— 跨江越河，连通世界

第一节 悬索桥的由来

在古代，若遇到不宽不深的河水溪流，人们通过在河中摆放一些石块，或者将石板搁放在石堆上，或者将树干搭放在两岸，就可踏石或踏木过河。但在那些高山崎岖、峡谷深切、水流汹涌的地区，造桥就变得十分困难。那么，古人是如何跨越这些障碍实现通行的呢？

在山谷和森林中，灵长类动物往往借助藤蔓在高空移动，如图3-1。古代人大概是由此得到启发，发明了以藤、竹、草等自然界材料加工成索来造桥的方法，这也是悬索桥的起源。

图3-1 灵长类动物借助藤蔓攀援

(图片来源于公众号：西南交大桥梁——亚东桥话8，2016年11月3日发布)

溜索是索桥的雏形——在两岸固定一根索,一头高,一头低,人就可借倾斜之势滑越渡河。生活在三江并流区域和雅鲁藏布江流域的人们,历史上多使用溜索渡河。直到今天,极少数边远地区仍在使用溜索,但材料已改用钢丝绳或钢绞线了,如图3-2。

图 3-2　云南怒江溜索

(图片来源于公众号:西南交大桥梁——亚东桥话 8,2016 年 11 月 3 日发布)

溜索通常只能渡人,而且不方便,很危险。多用几根索,上下布置,索间用藤或绳连结成网状,或者直接用藤编成网,就成为索网桥或藤网桥,如图3-3,过河就相对比较安全了。后来出现了多索的形式,即一部分索平铺在下面,上铺木板形成较宽的桥面;一部分索高置两侧,兼做扶手和护栏,如图3-4。这样的索桥,既可以行人,也可以渡货物、牲畜,这就是早期的索桥。

第三章 悬索桥

图 3-3 德兴藤网桥

(图片来源于公众号:西南交大桥梁——亚东桥话 28,2017 年 12 月 20 日发布)

图 3-4 成都安澜索桥

(图片来源于公众号:西南交大桥梁——亚东桥话 8,2016 年 11 月 3 日发布)

065

随着社会的进步发展，古代中国开始逐步把铁索应用于桥梁。将铜、铁等金属锻打成环，环环相扣，称为链。直至公元6世纪（南北朝，参见《洛阳伽蓝记》）至7世纪（隋及唐初），同一时代的史书中才开始出现关于铁链桥的记载。有资料记载，公元前206年西汉大将樊哙在陕西褒城县（今留坝县）建成的樊河桥可能是一座铁索桥，我国在汉宣帝甘露四年（公元前50年）建成百米长的铁索桥，在汉明帝（58—75年在位）时期建造了云南景东兰津桥等。但这些说法要么是"据传"，要么是来自一千几百年之后编写的史书或方志，有待考证。

第二节 悬索桥的受力

悬索桥主要由主缆、主梁、桥塔、吊索和锚碇构成,如图3-5。相比于梁桥以受弯为主,拱桥以拱肋受压为主的特点,索不承受弯矩和剪力,只承受拉力。

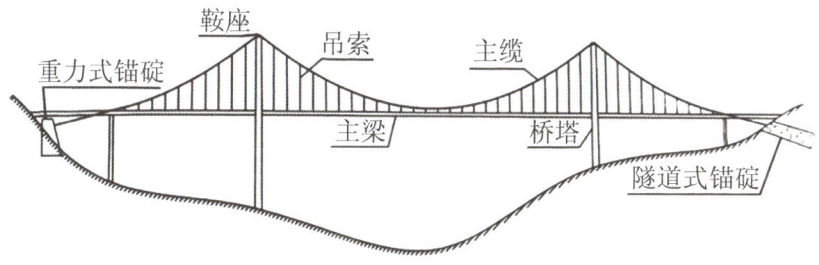

图3-5 悬索桥的构成

悬索桥的传力过程主要为:吊索将桥面上由于自重和车辆作用产生的竖向荷载传递至主缆上,主缆通过中间桥塔抵消竖向力,通过两边的锚碇来平衡主缆产生的水平力。

悬索桥的主要承重构件是主缆,主要承受拉力,一般用抗拉强度高的钢材(钢丝、钢缆等)制作。由于悬索桥可以充分利用材料的强度,并具有用料省、自重轻的特点,因此悬索桥在各种体系桥梁中的跨越能力最大,跨径可以达到1000米以上。如图3-6,于1998年建成的日本明石海峡大桥的跨径为1991米,跨海连接了日本兵库县的神户市和淡路岛，是世界上跨径最大的桥梁。悬索桥的主要缺点是主梁较柔，在大风的情况下容易产生较大的变形和振动，交通会受影响。

图3-6　日本明石海峡大桥

（图片来源于公众号：明石海峡大桥（日本），2021年7月2日发布）

第三节 我国著名的悬索桥

一、安澜桥

安澜桥在四川省灌县西北，坐落于岷江外江与内江间的浦上（水边或河流入海的地方），其下即都江堰的"鱼嘴"分水堤。安澜桥最初为竹索桥，长320米，1964年改建为钢索桥，长240米。

图 3-7 安澜桥横跨岷江

（图片来源于公众号：每日都江堰，2019年11月14日发布）

安澜桥飞架岷江南北，是古代四川西部与阿坝之间的商业要道，是藏、汉、羌族人民的联系纽带。安澜桥是通往外江对岸市区最近的路。如今，也是参观都江堰的必经之地。它虽然没有石桥那么美观的身姿，只是一座索桥，貌不惊人，但岷江滔滔恶浪，没有修建索桥前，民谣就有"走遍天下路，难过岷江渡"之说，可见安澜桥的重要历史意义。安澜桥是我国古人为征服高山峡谷、急流险滩，利用本地竹木资源建造的悬空过江桥梁，是世界索桥建筑的典范。

安澜桥和都江堰是分不开的。都江堰是川西成都大平原上一套完整的农田灌溉系统的总称，这个灌溉系统已有2200多年的历史。都江堰原为岷江中的一个沙洲，将江分为内外两股，其内江分出后，在灌县城西为一山所阻，折入岷江，与外江合并，山名灌口山。

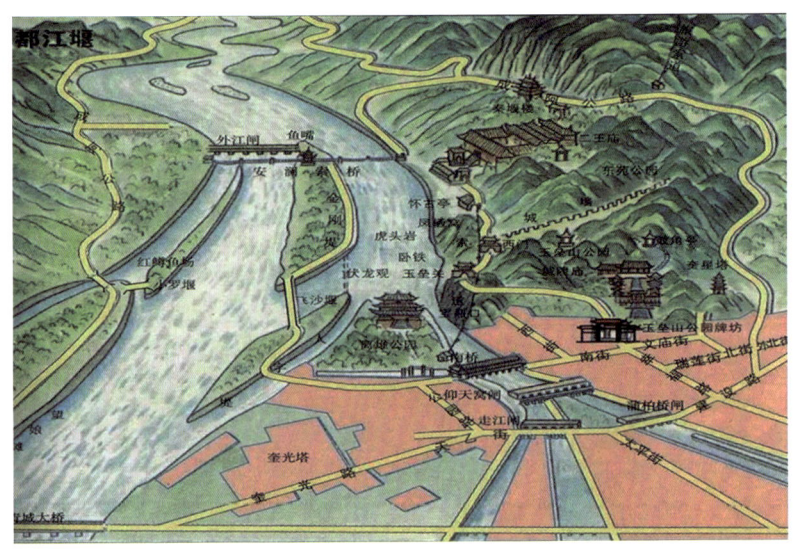

图 3-8　安澜桥和都江堰

（图片来源于公众号：青城山都江堰，2020 年 8 月 13 日发布）

秦国李冰任四川太守时（公元前251年）将这山凿开一个缺口，让内江流出，与成都平原各河川汇合，组成一个灌溉系统。李冰开凿灌口山之处名离碓，故《史记·河渠书》中云："蜀守冰，凿离碓。"因凿山而开出的缺口，名宝瓶口。灌山口也名为金灌口，或玉垒山。

为了稳定内外两江的分流，在岷江沙洲两岸各筑起了石堤一道，名内外金刚堤。两堤在沙洲分水尖端相遇，形成沙洲的鱼嘴。内江经过宝瓶口的流量，具一定限度，过此限度，则超出的流量及所挟泥沙，在未到宝瓶口前，即从飞沙堰漫溢，而在沙洲尾流入岷江。通过各种控制设施，内外两江得到适度调节，防洪引水，保证了岷江的航运及灌溉功能。自李冰创始，2000多年来，都江堰水利工程逐渐改进，到解放后，得到更大的系统性发展。

图 3-9　四川灌县安澜桥（珠浦桥）

（图片来源：搜狐网，景区说之都江堰，2020年8月20日发布）

安澜桥即古珠浦桥，位于四川省灌县西 1 公里，当时仍为竹索桥，是宋太宗淳化元年（990 年）大里评事知永康军梁楚建。淳熙四年（1177 年）范成大有《渡绳桥记》云："桥长百二十二丈，分为五架，广十二绳排联之，上布竹箦，攒立大木数十于江沙中，辇石固其根。"清嘉庆十二年（1807 年），塾师何光德夫妇相继修桥，桥长 300 米。

"编竹绳跨江"的竹索桥，其结构如下：以竹丝编成竹缆，粗如碗口，陆续接长，横跨全江。其两端绕系于横卧大木碾，转动木碾时拉紧竹缆，以免下垂过度。大木碾安置于木笼内，木笼位于两岸石岩所凿的石室。

这座桥以竹为缆，以木为桩，都是就地取材。其与都江堰的水利工程相似，用竹笼装石，筑成堤堰，用竹木绑成三脚架的"杩槎"，放在水边，堆上黏土，成为临时拦水坝，费省效宏，简单易行。足见历代劳动人民的巧思高艺。

竹材的强度甚高，几与钢铁相近，但易受气候影响，雨淋水浸，容易伸长；气候干燥，又易收缩；因而使用时间受了限制。竹索桥必须随时查看，经常检修，并规定三年大修一次。珠浦桥附近有竹林，用新竹换旧竹，旧竹除仍可利用的，其余的都卖掉，收回的材料钱，可抵修桥工费，是个自力更生的维修方法。

竹索桥的缺点，与一般索桥相似，缺乏刚性，人行其上，容易桥身摇晃。《黔书》中描述盘江铁索桥云："然緪长力弱，人行桥上，足左右上下，緪輖因之而升降，身亦为之摇撼，眩晕不克自持，乘车马者至此必下，且不容二人接武而行，必待前者涉岸，后者始登，若强而相蹴，震动愈甚。"

1964年，随着都江堰的发展，将安澜桥竹索改为钢索，承托缆索的排架木桩改为钢筋混凝土桩，桥身更加稳定。由于在都江堰鱼嘴上兴修发电站，桥身缩短为240米，使用至今。

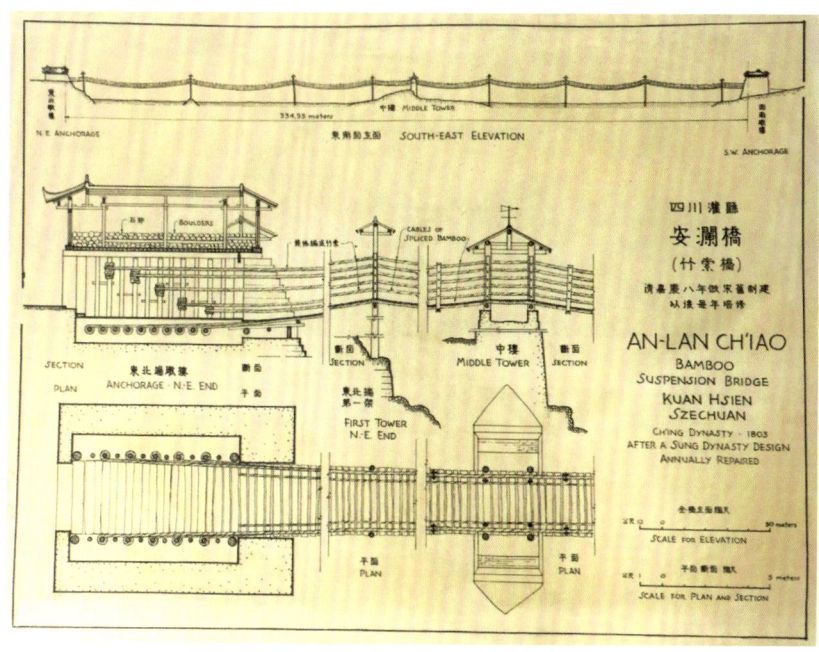

图 3-10 梁思成手绘安澜桥

(图片来源：梁思成《图像中国建筑史》手绘图)

二、德兴藤网桥

在说德兴藤网桥之前，不得不提藤网桥的建造者——珞巴族。珞巴族是分布在中国西藏自治区山南、林芝地区的一个历史悠久的少数民族。主要分布在西藏东南部，东起察隅，西至门隅之间的珞渝地区，以米林、墨脱、察隅、隆子、朗县等地最为集中。

图 3-11　珞巴族

（图片来源：搜狐网，林芝·非遗风物篇丨感受林芝非遗之美，2020 年 11 月 23 日发布）

珞巴族所在地区山路崎岖，山高谷深，江河阻隔，水流湍急，与外界联系极为困难。这些令人头疼的地理环境非但没有阻挠住珞巴族期望与外界联系的决心，反而造就了他们得天独厚的交通绝技。珞巴族的交通工具和设施是简单而实用的，他们不用供人乘坐的车船舟楫等代步工具，也不用牛马等畜力工具，而是亲手建造了供人行走涉渡的道路、桥梁以及供人攀援的木梯、藤索，全靠自己的腿徒步行走，去与外界联系。

珞巴族所在地区因山高谷深，极少有平缓的道路，一般都异常艰险，因此被人称为"猴子路"。村与村之间看上去距离很近，

甚至说话都能互相听见，但要交往却十分困难。墨脱县有首歌谣唱道："隔江看得见，说话听得见。情人盼欢聚，走路需一天。"这歌谣是西藏和平解放前墨脱地区交通状况的真实写照。千百年来，勤劳勇敢的珞巴族人们在荆棘林中开路，在悬崖上架梯，在绝壁上修栈道，在江河上架溜索、建藤桥，挣扎着去打通通向外界的途径。

第三章 悬索桥

珞巴族所在地区多江河沟壑的特殊地理环境，迫使珞巴族人们创造了多种独特的架桥技术。常见的桥梁有独木桥、竹木桥、溜索桥、藤网桥等。其中最具特色和最能显示珞巴族建桥技艺的，就是藤网桥。藤网桥是一种全由藤条搭建编织而成的呈管状的悬空网桥，由悬索、溜索发展而来，多架设在水深流急、河面宽阔、地形险峻的交通要道上。藤网桥一般高出水面数十米，长度短则五六十米，长则二三百米。远远望去，一座座藤网桥像一条条凌空飞舞的蛟龙飞腾在大江之上，构成了墨脱地区特有的景观。

藤网桥底部的四至六根粗藤以及两旁的三四根粗藤，构成桥体的经线。这些作经线的粗藤固定在桥头的大树或木柱上，然后分别用粗藤和细藤作纬线，即每隔一米缠一圈粗藤，各粗藤条之间编织细藤条，底部供行人行走，细藤条编织较密。工程完毕后，人们可以相向穿过。一次可过数人，远比藤索桥安全可靠。不过如遇风吹，河水怒吼，桥身摇曳飘荡，甚是惊险。藤网桥体现了珞巴族人们的聪明才智和创造精神。但因架设难度大，且要经常维修，因此在墨脱县已为数很少。

075

图 3-12　墨脱藤桥宣传画

(图片来源：腾讯新闻，共赴秘境墨脱，同赏壮丽山河，2022 年 4 月 22 日发布)

墨脱较为有名的藤桥有背崩藤桥、炯兴藤网桥等。其中墨脱德兴乡境内有一座藤网桥（即德兴藤网桥）横跨于雅鲁藏布江上空，离江面 50 多米，桥长 150 余米，咬山缠岭飞架在大江之上，桀骜不驯的雅鲁藏布江也只能伏在它脚下。驯服雅鲁藏布江的德兴藤网桥曾是贯通墨脱县南北的重要纽带，距今已有 300 多年的历史，经久不衰的它已经完成了历史使命，现成为一处引人入胜的风景名胜，又因为它是至今保留在雅鲁藏布江上唯一的一座藤网桥，反映了珞巴族建桥艺术的最高水平，所以就更令人景仰。1996 年，墨脱德兴藤网桥被西藏自治区政府公布为第三批自治区级文物保护单位。

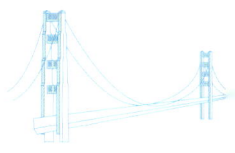

第三章 悬索桥

图 3-13 德兴藤网桥

(图片来源：搜狐网，藤网临雅江 度桥蹑半空，2018 年 10 月 21 日发布)

三、泸定桥

泸定桥，一座横跨在大渡河上的铁索桥，因而又名大渡桥，是中国四川省泸定县风景区内的主要景观文物，因飞夺泸定桥这一战争而闻名中外，该桥始建于清朝康熙年间，全长 103.67 米，宽 3 米，泸定是当时大西南汉藏茶马贸易的重要门户，也是边贸物资的重要集散地，当时中国的茶叶布匹等物资大都是通过康定地区出口到南亚的，但大渡河水流湍急，人们划船渡河难，危险系数大，往往运送的物资十有八九都倾翻在河里，所以康熙才下令在大渡河上修一座桥，这就是后来鼎鼎有名的泸定桥，泸定桥后来成为连接藏汉交通的纽带，在交流贸易中发挥着重要作用。

图 3-14　泸定桥桥面结构

(图片来源于公众号：学习军团，2021 年 6 月 20 日发布)

从建筑结构来看，泸定桥是一座悬挂式铁索桥，全桥由桥身、桥台和桥亭三大部分组成。桥身由多根碗口粗的平行铁链构成，桥栏直接由铁链构成，底下并排铁链铺上木板形成桥面，扶手与底链之间用小铁链相连接，各铁链环环相扣；桥台位于桥身两端处，桥台内固定铁桩，铁链固定在两岸桥台落井铁桩里；桥头两岸桥头古堡为汉族木结构古建筑，风貌独特；锚固铁链落井之上建有桥亭、飞檐翘角、古朴大方；桥西端观音阁下存有康熙立的匾额。泸定桥横桥板间隔相铺，犹如窗棂，这种结构既能减轻桥重，又能减少风的阻力；扶手链与底链每隔 5 米相连的设计使桥身形成和谐统一的整体。

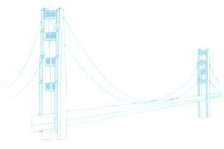

泸定桥曾是大渡河上最长的铁索桥，为古代劳动人民智慧的结晶，曾有对联题道："东环泸水三千里，西出盐光第一桥。"在漫长的历史中，泸定桥是四川和西藏之间茶马古道的交通咽喉，是中华边陲民族和睦、国家统一的安定桥，更以红军长征期间胜利飞夺泸定桥的伟大壮举和英雄业绩而名扬中外，以"十三根铁链托起一个共和国"载入中国革命的光辉史册。

图 3-15　飞夺泸定桥

（图片来源于公众号：重庆美术馆官网）

四、盘江桥

盘江桥又称盘江铁桥，即铁索桥，世称"滇黔锁钥"，位于晴隆县城东 20 公里的北盘江河谷。明崇祯以前，无桥，用老鸦船摆渡。明崇帧元年（1628 年）黔安（南）普（安）监军副使朱家民（云南曲靖人，后升贵州布政使）仿云南澜沧江铁索桥，始建盘江铁索桥，三年后才竣工。当时建成的铁桥，桥身由33根铁链组成，两端贯于岩石之中，桥面为24根铁链平列，上铺木方，左右两侧各塑排6根铁链为栏杆扶手，十分壮观。

图3-16　盘江桥现状

（图片来源于公众号：安顺微党建，2019年7月5日发布）

1941年6月，盘江桥遭遇了有史以来最为惨烈的一次大规模轰炸，日军接连7天持续空投炸弹，盘江桥身受重创。现在这座盘江铁索桥是1942年在援华美军工兵的帮助下重建的。而它自古以来的重要性，可以从桥头岩壁上的石刻看出，那里刻着"盘江飞渡　力挽长河　桥横银汉"12个大字。1949年11月，溃败的国民政府军第十集团军89军企图炸毁铁桥，未遂，仅炸毁铁桥下游约500米处的预备桥，现桥墩犹存。1950年，中国人民解放军驻守盘江桥，国家先后拨专款维修、加固，1979年对越自卫反击战时，将盘江铁索桥作为军事要塞进行重点保护，再次对其进行维修、加固，继续通车，而每次维修、加固均保持原貌。

五、青马大桥

青马大桥，是中国香港特别行政区境内连接葵青区青衣岛与荃湾区马湾岛的主要通道，是香港青屿干线道路的组成部分。青马大桥于1992年5月25日动工兴建；于1996年完成合龙工程；于1997年5月22日通车运营。

图 3-17 青马大桥全景

(图片来源于公众号：清风的书柜，2020 年 5 月 12 日发布)

青马大桥为公铁两用钢箱悬索桥，上层为公路车道，箱内为双线铁路及两条行车道，可作维修通道；若在强风或发生紧急事故时，箱内两条车道可作交通改道之用。大桥全长2160米，水上主跨1377米，桥宽42米，桥塔高度（至鞍座）206米。主缆直径1.1米，由33400根直径为5.38毫米的钢丝组成，钢丝总长

16万千米，总重2.67万吨，每条主缆荷载5.3吨。桥身钢材总重量4.9万吨，每米桥身重量为22.7吨。

图3-18 青马大桥夜景

（图片来源于公众号：清风的书柜，2020年5月12日发布）

青马大桥是目前世界最长的公铁两用悬索桥，现已成为香港的新地标。整项工程计划在非常紧迫的时限下完成，以当时建筑规模及复杂程度，能够在仅仅五年内建成，非常不容易。青马大桥的建成是世界17个不同国家的工程人员携手合作的成果。

六、虎门大桥

虎门大桥位于中国广东省广州市南沙区南沙街道与东莞市虎门镇之间，主桥横跨珠江狮子洋水域，北距上游虎门二桥约10千米、南距下游深中通道约30千米；大桥东起珠江东岸东莞市虎门镇威远山，向西依次经过大石吓山谷、珠江干流上的虎门水道、上横档岛和蒲州水道，止于珠江西岸广州市南沙街道南北台；向西经深湾水库后延伸至飞沙角山。截至 2018 年 12 月，虎门大桥全路段为珠江三角洲地区环线高速公路南部地区联络线（原莞佛高速公路，国家高速 G9411）的主体部分。虎门大桥线路起于东莞市太平立交，接京港澳高速公路兼沈海高速公路（原广深高速公路）东莞段；沿途向西下穿广深沿江高速公路东莞段，止于广州市南沙立交；通过大涌桥西延至广州市坦尾立交，接广澳高速公路广州段。

图 3-19 虎门大桥全貌

（图片来源于公众号：桥梁杂志，2020 年 7 月 13 日发布）

虎门大桥是一座集多处桥隧为一体的群体工程，全路段共有 23 座大小桥梁（包含 3 座特大桥）、3 座隧道、2 座大型互通立交桥和 1 座大型收费站。其中虎门大桥太平高架桥、大石吓高架桥、威远高架桥、深湾高架桥、东引桥、中引桥以及西引桥均为连续刚构梁式桥；主航道桥为单跨双铰简支钢箱梁悬索桥，由东西索塔、东西锚碇、主缆、吊索和加劲梁等五大部分组成。

图 3-20 虎门大桥主桥施工

（图片来源于公众号：桥梁杂志，2020 年 7 月 13 日发布）

主桥上部结构工程中，主缆采用预制平行索股制作和架设，每束索股由多个平行镀锌高强钢丝排列成正六边形组成。主缆与加劲梁之间采用平行竖直吊索相联系，每个吊点由四根钢丝绳组成。吊索与主缆之间的连接方式为背骑式，配以马鞍形索架。为减少铸件重量，大桥采用铸焊组合形式的索鞍。吊索两端为锌铜合金热铸锚，通过钢加劲梁风嘴锚于箱内。下部结构中，索塔为门式框架结构，由两侧塔柱及其之间的三道系梁组成；两侧塔柱为钢筋混凝土空心薄壁箱型结构，三道系梁均为钢筋混凝土空心箱型截面，预应力束布置在腹板内并穿过塔柱锚于塔壁外侧；受不同地质条件影响，东西索塔分别采用群桩基础和分离式扩大基础。虎门大桥东西锚碇均为重力式，由散索鞍墩、后锚块、锚室组成；主缆通过锚梁、锚杆牢固地锚固在锚碇上，主缆拉力由锚碇钢框架传递至混凝土锚体。

图 3-21　虎门大桥夜景

(图片来源于公众号：桥梁杂志，2020年7月13日发布)

2020年5月5日下午，虎门大桥发生异常抖动，全桥路段实施双向全封闭，禁止通行；2020年5月6日，广东交通集团通报，虎门大桥振动系涡振现象，悬索桥结构安全。经专家组初步判断，虎门大桥悬索桥本次振动主要原因是沿桥跨边护栏连续设置水马，改变了钢箱梁的气动外形，在特定风环境条件下，产生桥梁涡振现象。截至2020年5月6日，水马已经撤离，大桥振动幅度已经减弱，虎门大桥桥面已基本恢复常态。

作为首座跨越珠江口东西两岸的大型桥梁，虎门大桥不仅支撑了珠三角经济快速发展、改写了粤港澳三地"一水隔天涯"的格局，还引领了中国桥梁建造史上的技术创新。拥有18项中国国内或国际先进水平工程技术和工艺的虎门大桥，标志着20世纪中国桥梁建设的最高成就。虎门大桥的建设，为后来建造厦门海沧大桥、江苏江阴大桥、润扬大桥等大跨径悬索桥提供了许多技术经验，其中长安大学刘健新教授、李加武教授团队承担完成了虎门大桥抗风试验。广东因此成为中国桥梁工程师取经学习的"圣地"。

七、江阴长江公路大桥

江阴长江公路大桥，简称"江阴大桥"，是中国江苏省连接靖江市与江阴市的过江通道，位于长江水道之上，是中国"九五"期间重点建设项目，是中国"两纵两横"公路主骨架中同江至三亚国道主干线及北京至上海国道主干线的跨江"咽喉"工程。大桥于1994年11月22日动工兴建，并举行开工仪式；于1999年4月21日完成合龙工程，大桥全线贯通；于1999年9月28日通车运营。

江阴长江公路大桥分别由包括两座桥塔、缆索、两岸锚碇的主桥、引桥及各立交匝道组成；主桥路段呈西北至东南方向布置。大桥线路全长3071米，主跨1385米。主跨桥面钢箱梁高度3米，宽度32.5米，加上悬挑风嘴总宽36.9米。索塔高约190米，其中，北塔支承岩面的钻孔桩群共计96根，直径2米，南塔钻孔桩共计 24 根，直径为 2.8 米。主缆钢丝直径为 5.35 毫米，抗拉强度为 1600 兆帕，每根主缆中跨由 169 股、每股 127 根钢丝组成，边跨背索共计 8 股，中跨主缆直径达 864 毫米，高跨比为 1∶10.5；吊杆间距 16 米。

图 3-22　江阴长江公路大桥

（图片来源于公众号：中国交建，2021 年 7 月 9 日发布）

建成后的江阴长江公路大桥，先后获得"中国建设工程鲁班奖""中国土木工程詹天佑奖"和国际桥梁大会"尤金·菲戈奖"三项国内外大奖。中国土木工程学会评价江阴长江公路大桥代表了中国 20 世纪 90 年代造桥最高水平，是我国桥梁工程建设史上一座新的里程碑，也是我国跻身世界桥梁建设水平前列的标志性建筑。

图 3-23　江阴长江公路大桥近景

(图片来源于公众号：中国交建，2021 年 7 月 9 日发布)

八、泰州大桥

泰州大桥位于江苏省的泰州市和扬中市之间，东距江阴长江公路大桥 57 千米，西距润扬长江公路大桥 66 千米。泰州大桥起自泰州宣堡镇西，接南通至南京高速公路，向西经高港区口岸镇、永安镇东，在田河东跨宣堡港，在福兴庄东与 S336 交叉，于新堂圩附近与江北沿江高等级公路交叉，在永安洲镇三水厂下游约 1 千米处跨越长江进入扬中市；线路在扬中市东穿过，经变电所北，跨 S238 及扬中市西南环相交处，向西于小泡沙西端跨长江夹江，经姚桥镇北，与五峰山通道接线相交于姚桥枢纽。在此处路线折向南，从界牌镇西穿过，跨丹界公路；向南跨越浦河进入常州境内，跨新孟河、S238、S338，经安家镇西，终于常州汤庄，接沪宁高速和拟建的常州绕城公路西段。

泰州大桥由北接线、跨江主桥、夹江桥和南接线四部分组成；采用"三塔两跨"悬索桥桥型方案，采用的多塔悬索桥是创新的结构体系。中塔采用世界上高度第一的纵向人字形、横向门式框架型钢塔，横桥向为门式框架结构，纵桥向呈人字形，采用沉井基础。锚碇为沉井基础重力式锚碇，设计和施工技术含量高。其中，跨江主桥及夹江桥全长9.726千米，桥面宽33米。跨江主桥采用了主跨2×1080米的三塔双跨钢箱梁悬索桥，系世界首创。基于多塔连跨悬索桥的桥型特点，泰州长江公路大桥设计中塔基础为圆角矩形沉井，体积庞大。沉井下部38米为双壁钢壳混凝土结构，上部38米为钢筋混凝土结构，平面上分为12个隔舱，共需浇筑混凝土约10万方，最终沉入19米深水和55米河床覆盖层。

图 3-24 泰州大桥全貌

（图片来源于公众号：桥梁杂志，2018年4月27日发布）

泰州大桥的顺利建成，为江苏中部又增添了一条跨江通道，强化了泰州与镇江和苏南地区的交通联系，完善了长三角地区和江苏高速公路网络，为沿江地区协调发展提供了更有力的支撑。在泰州大桥建成之前，最大跨径的三塔悬索桥在日本，跨径为176米。因而，泰州大桥建成后，主桥边塔与中塔之间1080米的跨径，首次在世界上实现了三塔悬索桥塔跨径由百米向千米的突破。

九、杭瑞洞庭大桥

杭瑞洞庭大桥是湖南省岳阳市境内连接君山区和岳阳楼区的过江通道，位于长江水道之上，是岳阳市区西北部城市主干道的组成部分，也是杭州—瑞丽高速公路（国家高速G56）湖南段的重要组成部分。杭瑞高速公路洞庭湖大桥主跨1480米，是已建国内第二、世界第三大跨径钢桁梁悬索桥。项目于2010年12月7日批复立项，2014年3月31日正式开工，2018年2月1日建成通车，总投资约36.67亿元。

杭瑞洞庭大桥主桥为双塔双跨钢桁架不对称悬索桥结构，主梁采用桁板结合梁；桥塔采用门式框架结构，由上塔柱、下塔柱、上横梁和下横梁组成。其中君山侧桥塔下横梁采用单箱单室预应力混凝土结构，主缆索股由镀锌钢丝组成，两岸锚碇均为葫芦形地下连续墙基础重力式锚碇。大桥采用（1480+453.6）米跨径布置，加劲梁长1933.6米，桥面宽33.5米，钢桁加劲梁全宽35.4米，梁高9米。大桥共两根直径886毫米的主缆，主缆垂跨比为1/10，主索中心距为35.4米，单根主缆由175根长达2600米的索股组成，每根索股由 127 根直径 5.35 毫米的高强镀锌钢丝组成；主缆所用的钢丝总长达 11.6 万千米。

图 3-25　杭瑞洞庭大桥

(图片来源于公众号：桥梁杂志，2021 年 10 月 27 日发布)

杭瑞洞庭大桥自设计及开工建设以来，克服了许多技术难题：

1. 采用葫芦形地下连续墙锚碇，大大节省了混凝土工程数量，克服两个不同直径的连续墙受力不对称的技术难题。

2. 超高性能混凝土组合钢桥面，该桥采用的板桁结合结构，开展薄钢桥面板与超高性能混凝土形成组合桥面板，在保证桥面承载能力的同时，大大提高了桥面板刚度，从根本上解决了钢桥面板疲劳开裂这个世界性技术难题。

3. 主缆防护技术，针对大桥所在的气候环境条件，开展大桥主缆防护研究，通过采用多重综合防护措施，降低大桥运营养护成本，延长大桥主缆使用寿命。

图 3-26　杭瑞洞庭大桥桥面

（图片来源于公众号：桥梁杂志，2021 年 10 月 27 日发布）

杭瑞洞庭大桥建成后，杭州—瑞丽高速公路湖南段全线贯通，并与已通车的岳常高速、长常高速、京港澳高速互通成环，形成环洞庭湖高速圈，对于促进环洞庭湖经济圈和岳阳市经济发展以及对洞庭湖区旅游开发、防洪减灾等都有着十分重要的意义。

十、普立大桥

随着现代化的到来，我国在桥梁的建设上逐步领先于其他国家，尤其是近几年，我国在完善基础设施的同时，修建了大量的高速公路，而修高速公路的同时，自然又少不了在一些特殊地理环境中修建大桥，普立大桥就是一座在高原冻雨地区修建的悬索桥。

图 3-27　普立大桥

(图片来源：搜狐网，没有中国人建不成的桥，2018 年 10 月 22 日发布)

普立大桥塔高 153.5 米，峡谷谷底距主塔顶 653.5 米，桥面距谷底 500 米，它不仅是世界第二高的悬索桥，也是云南第一次（中国第三次）使用火箭抛掷输送先导索建成的大桥。作为普宣高速的控制性工程之一，普立大桥跨越普立大沟深切峡谷，全长 1040 米，主跨 628 米，为双塔单跨钢箱梁悬索桥；边跨为 166 米连续箱梁桥，两岸分别采用隧道式锚碇和重力式锚碇锚固，索塔为直塔柱门式框架结构。主梁由 35 节长 12 米，宽 28.5 米，高 3 米，重 146 吨的箱体组成。

由于高原地区气压梯度变化明显，加之山谷巷道效应显著，在这类地区修建悬索桥，面临强风条件下施工和精度控制难度倍增的难题，此外，云南地处云贵高原西北部，早晚和四季温差都非常明显，冬季易遭遇冻雨天气。在施工状态下，温度变化引起的结构线形变化对施工精度将产生显著影响，最终影响施工质量。普立大桥的建设过程中，一系列有关克服高原冻雨等不利环境因素的研究成果为高原山区大跨径钢箱梁悬索桥施工质量的保障提供技术支持，保证大桥最终达到设计线形及合理成桥状态。该研究成果达到国际先进水平，不仅在普立大桥施工中得到应用，也可在云南省其他大桥施工中发挥作用，待其应用成熟以后可以推广至国内其他地区。长安大学郝宪武教授、王晓明教授团队完成大桥的施工监控工作。

普立大桥于 2015 年 8 月 25 日普宣高速公路全线建成时通车，将从宣威至贵州 4 小时的车程缩短为 1 小时之内，不仅给交通带来便利，还成为当地一大亮丽景观。一桥飞架南北，天堑变通途，高峡出平湖，当今世界殊。普立大桥自施工以来，饱含了建筑工人的血汗与智慧结晶。耗资 7 亿，打造出了世界第二高桥，是亚洲人民的骄傲，是中华民族的自豪。

图 3-28　仰视普立大桥

十一、杨泗港长江大桥

杨泗港长江大桥是湖北省武汉市内连接汉阳区与武昌区的过江通道，位于长江水道之上，是武汉市第十座长江大桥。大桥于2014年12月3日动工兴建；于2018年12月29日完成合龙工程，大桥全线贯通；于2019年10月8日通车运营。

图 3-29　杨泗港长江大桥

（图片来源于公众号：中国能建葛洲坝水泥公司，2021年4月16日发布）

杨泗港长江大桥主桥采用主跨1700米的双层钢桁梁悬索桥，为目前国内已建成的最大跨度悬索桥。引桥全长2434.377米，其中汉阳岸线路长973米，武昌岸线路长1461.377米；加劲梁桁高10米，2片主桁中心距28米，标准节间长9米，两侧两端各2个节间长10米，吊索间距18米。两座桥塔承台以上塔柱（含塔座）高分别为231.9米、243.9米。全桥共计2根主缆，每根主缆索股共271股，每根索股共计91丝，大桥边中跨比0.274米。塔基长77.2米，宽40米，高50米。

图 3-30　杨泗港长江大桥主塔

（图片来源于公众号：中国能建葛洲坝水泥公司，2021 年 4 月 16 日发布）

  杨泗港长江大桥的建成，创造了多项纪录：双层桥面设计既满足了桥梁自身的功能要求，又充分考虑了城市规划和道路的匹配性；主桥钢桁加劲梁采用全焊接结构，为国内大跨度桥梁中首次采用；主缆采用标准抗拉强度为 1960 兆帕的高强钢丝，是目前国内采用强度等级最高的桥梁钢丝材料；大桥设置机动车道、非机动车道、人行观光道，集过江交通与观光于一体，是目前长江上功能最完备的桥梁；大桥 2 号桥塔底节钢沉井下水时重量高达6200 吨，是国内外采用气囊法下水重量最大的沉井；主塔沉井下沉首次采用超厚黏土层条件下超大沉井下沉新技术；主桥加劲梁首次采用千吨级整体吊装，全焊接新技术。2016 年，杨泗港长江大桥入选中央电视台纪录片《超级工程Ⅱ》，在第二集《中国桥》中用镜头告诉观众，工程师是如何靠智慧跨越天险，带来巨变的。

第四章
斜 拉 桥

——跨江越河，连通世界

第一节 斜拉桥的由来

斜拉桥属缆索承重体系桥梁,国内外不少专家认为斜拉桥的起源地在中国,因为早在三千年前中国就开始利用竹、藤索的支承力渡河。《中国桥梁史纲》中介绍了云南提综竹桥,虽然该桥大体上为悬索桥,但两侧以竖杆和拉索加劲,实为斜拉桥受力,可视为最早的斜拉悬索组合体系桥梁。

图 4-1 云南提综竹桥图

(图片来源:《中国桥梁史纲》)

如图 4-2，浮士德·威朗兹欧构想的悬索桥，实质也接近于斜拉桥的受力。1817 年，英国建成了一座跨度 34 米的人行木质斜拉桥，拉索采用铁丝制成。1821 年，法国的一名建筑师采用锻铁杆件，将梁吊至高耸的索塔上，并用放射性的形状布置拉索，固定于索塔顶部。到了 19 世纪初，德国宁堡的萨勒桥跨度有 80 米，外形看上去非常像现代的斜拉桥，如图 4-3，但是在建成时的典礼上，桥梁突然垮塌，造成 55 人死亡的惨剧，事后调查原因，是劣质的链杆材料以及人群引起的共振造成的。以至于到了 1873 年，坐落于英国泰晤士河的阿尔伯特桥，如图 4-4，主跨 122 米，即使加设了主缆与吊索，至今依旧可以在桥头看到"ALL TROOPS MUST BREAK STEP WHEN MARCHING OVER THIS BRIDGE"（所有部队在通过这座桥时不得步调一致）的警示牌，以免引起桥梁共振，使悲剧重演。

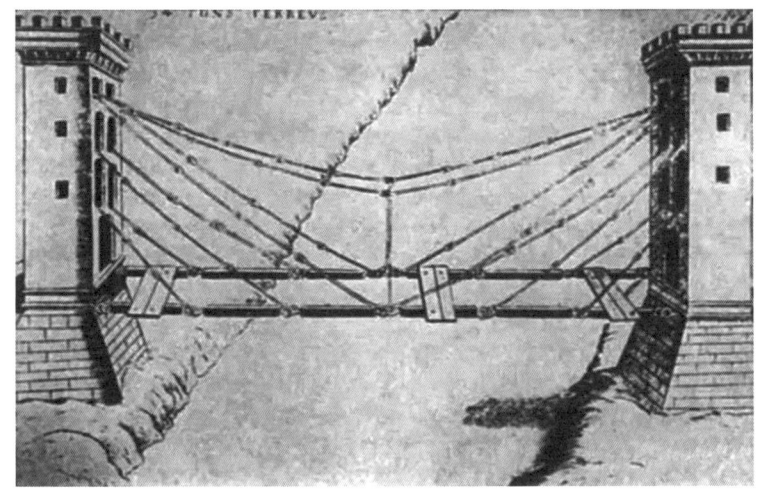

图 4-2　浮士德·威朗兹欧构想的悬索桥

（图片来源于公众号：西南交大桥梁——亚东桥话 3，斜拉桥探源，2016 年 9 月 29 日发布）

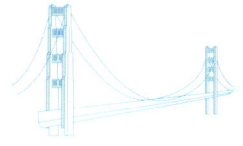

图 4-3　德国萨勒桥（1824—1825）

（图片来源于公众号：西南交大桥梁——亚东桥话 3，斜拉桥探源，2016 年 9 月 29 日发布）

图 4-4　英国泰晤士河的阿尔伯特桥

（图片来源：https://www.britainexpress.com/London/albert-bridge.htm）

20 世纪 50 年代后，基于百余年来桥梁工程师持续不断的工程实践，也借助于二战后高强材料、预应力技术和设计计算方法的发展，欧洲发达资本主义国家掀起了斜拉桥建设热潮，从 1956 年由瑞典的迪辛格设计的瑞典斯特罗姆森特桥开始，斜拉桥在世界各地得到了广泛应用,历经了从稀索体系向密索体系、纯粹的钢梁或混凝土梁向混合梁的转变。瑞典斯特罗姆森特桥,如图4-5,主跨183米,该桥为双塔三跨,采用门式索塔,两对高强钢丝拉索完全按纯扇形从塔顶放射散开布置,梁上索距35米左右,斜拉索锚具隐藏在板梁以内。主梁为钢板梁,中间用横梁连接,梁高3.25米,塔高28米。该桥在架设中第一次系统地进行了与施工有关的计算,索力计算贯穿整个架设过程。斯特罗姆森特桥是稀索体系斜拉桥的代表,此类型桥梁特点是拉索索距长、拉索数量少、单根索承载力大且需要桥塔。

图4-5 瑞典斯特罗姆森特桥

(图片来源:https://structurae.net/en/structures/stromsund-bridge)

由于稀索体系斜拉桥梁上锚固区应力过于集中,带来换索频繁的问题,20世纪60年代后,几乎所有新建斜拉桥均开始采用密索体系。1967年,德国波恩建成了菲德烈·艾伯特桥,如图

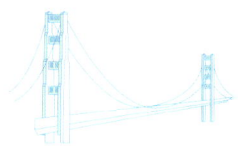

4-6，主跨280米，桥宽36米，双塔单索面，该桥缩小了索距、增加了拉索数量，塔的两侧各设置了20根斜拉索，开创了密索体系的先河。

图4-6 德国波恩菲德烈·艾伯特桥

(图片来源：https://structurae.net/en/structures/friedrich-ebert-bridge)

第四章 斜拉桥

20世纪70年代开始，桥梁的设计和建设均有了质的突破，斜拉桥开始了大踏步的发展，出现了混合梁、多跨、大跨度斜拉桥。1986年建成的加拿大安纳西斯桥，如图4-7，主跨465米，为当时世界之最，主梁由钢梁及钢筋混凝土桥面板组成，该桥的建成标志着组合梁斜拉桥的建造技术走向成熟。在我国，1975年，重庆云阳县建成的云阳汤溪河大桥，跨径75.8米，为我国第一座试验性斜拉桥，至此拉开了中国斜拉桥的建造历史。进入新世纪后，中国桥梁建设逐步走出了一条从落后到领先的逆袭之路，斜拉桥在我国如雨后春笋般出现。2008年，主跨1088米的苏通大桥建成通车，如图4-9，使得斜拉桥的跨度突破了千米大关。目前在建的，位于江苏省境内，连接常州与泰兴两市的常泰长江大桥,如图4-10,全长10.03千米,主航道桥为主跨1176米的钢桁梁斜拉桥,建成后将刷新同类桥梁的世界纪录。

图 4-7 加拿大安纳西斯桥

(图片来源:https://structurae.net/en/structures/alex-fraser-bridge)

图 4-8 重庆云阳桥

(张晓龙 摄)

第四章 斜拉桥

图 4-9　苏通大桥

（图片来源：百度百科）

图 4-10　常泰长江大桥效果图

（罗晓瑜　摄）

第二节 斜拉桥的受力

斜拉桥又称斜张桥，主要由斜拉索、主梁、索塔、桥墩、桥台和基础六部分组成，有时在边跨还设置辅助墩，如图4-11。

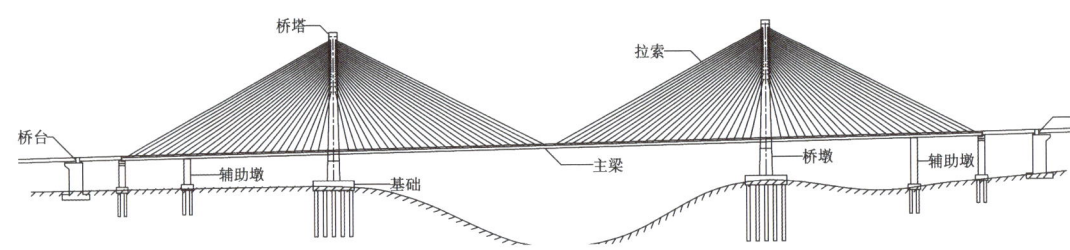

图 4-11　斜拉桥结构示意图

（张晓航　制图）

由于斜拉桥的主要荷载是它自身的重量，即主梁的重量，以一个简单的拟斜拉桥模型来看，假设索塔两侧只有两根斜拉索，索塔左右的桥体和斜拉索都以索塔轴心为轴对称分布，这两根斜拉索受到主梁的重力作用，会对索塔产生两个对称的沿着斜拉索方向的拉力，如图4-12，根据受力分析，左侧斜拉索对索塔的力可以分解为水平向左的一个力和竖直向下的一个力，右侧同理，由于处于同一水平的方向相反的两个力可以互相抵消，则索塔承受的向下的两个力即为主梁的重力。

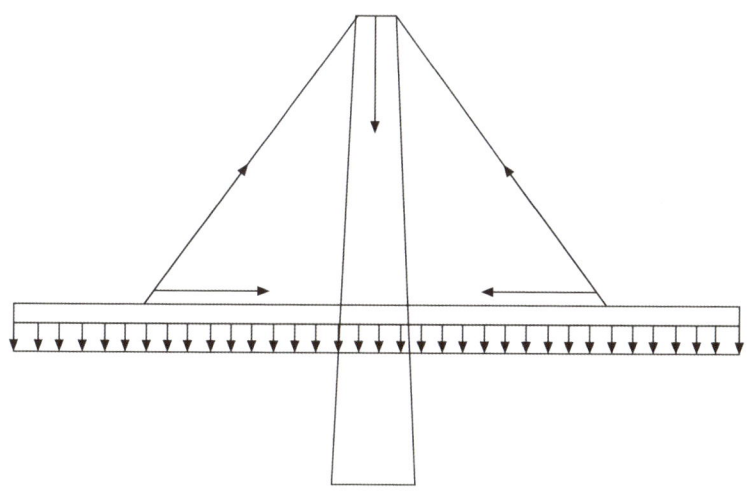

图 4-12 斜拉桥受力模型

(图片来源:https://www.zhihu.com/question/64932350/answer/226270119)

由此可见,主梁、索塔同时承受巨大的轴力和较大的弯矩,属于压弯构件,主梁上的力最终顺着索塔传给索塔下的桥墩,再传递到基础,最终完成向大地的传递。

第三节 我国著名的斜拉桥

一、大沽河斜拉桥

大沽河斜拉桥始建于1975年，横跨于今青岛市城阳区河套街道山角村西距大沽河入海口4千米处，是连接胶州和崂山的胶（州）马（哥庄）公路上的一座桥梁。建成后的大桥巍峨壮观，凌空飞架，犹如一道卧波的彩虹，横亘在碧波银浪的大沽河上，为当地的经济社会发展做出了卓越贡献。

大沽河斜拉桥是我国建造的第一座公路斜拉桥。大桥为（46+104+46）米3跨钢筋混凝土箱梁带挂梁斜拉桥，总长200.28米，桥面车行道7米，两边人行道各0.75米，桥高6.98米，载重标准汽车15吨，挂车80吨，桥下净高在一般中潮水位能通行小型机船。两座索塔对称布置于桥跨中心两侧，为门式双层框架。索塔与基础固结，塔顶设锚箱锚固拉索，索塔下横梁设滚动支座支撑桥面箱梁，塔高从桥面至塔顶18.5米，塔柱为（1.4×1.2）米钢筋混凝土矩形断面。塔基：东岸为明挖重力式，西岸用钢筋混凝土沉井，均置于风化岩层上。斜拉索每塔3对，呈双面扇形。大桥竣工后，以总重15.8吨的黄河牌汽车进行动载和静载试验，

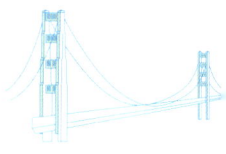

斜拉索拉力、索塔位移、箱梁挠度和刚度以及抗风稳定性等均满足设计要求。在大桥两端、桥面的两侧各建有一座 2 米多高的方形桥碑，上面嵌刻着崂山县文化馆牟嵩高先生书写的"大沽河斜拉桥"6 个隶书大字，字体浑厚雄劲，更为大桥增添了诗情画意。

图 4-13　大沽河斜拉桥设计手稿

(图片来源于公众号：青岛记忆，2020 年 6 月 12 日发布)

当历史的脚步迈进 20 世纪 90 年代的时候，为改善青岛与黄岛经济技术开发区的交通条件，带动沿线区域经济发展，1991 年 12 月 15 日，作为国家交通部规划的国道公路主干线"同三线"（黑龙江同江至海南三亚）的组成部分，环胶州湾公路开工建设。这座 70 年代设计建造的以农用为主的斜拉桥，已难以承担起经济建设、社会发展的高速节奏。1993年5月18日下午2时30分，正在为修建胶州湾高速公路运输材料的载重汽车再次开向桥面时，大桥轰然倒塌。如今，这里建起了比斜拉桥更加雄伟的跨河大桥，但大沽河斜拉桥那高耸的索塔、靓丽的秀姿，为人们留下了难以忘却的回忆。它如同一座丰碑，永远矗立在沿河人们的心中。

二、天津永和大桥

1987年建成的天津永和大桥，是跨越永定新河的一座公路桥，是津汉公路（天津外环—汉沽）的重要通道。该桥全长512.4米，主跨260米，为预应力混凝土双塔斜拉桥，当时是亚洲之最，被称作"亚洲第一跨"。

桥面全宽13.6米，包括9米车行道及两侧人行道。主梁由预制块件拼装而成，块件重120吨，按"长线法"匹配浇注，并利用临时支架悬臂安装。桥塔基础为 $\varphi 18$ 米开口圆形沉井，深35米，桥台及中间墩为预应力混凝土打入桩。桥址处于8度地震烈度软土地区，且因濒临渤海，时有强风，选用飘浮体系及流线型主梁断面以提供良好的抗震抗风性能。该桥的建设集中了国内斜拉桥界的顶级企业及精英人士参与，天津市市政设计院、同济大学、中国建筑科学研究院、铁道科学研究院、北京工业大学、铁道部大桥工程局（现中铁大桥局）桥研所、铁道部大桥工程局通力合作，结合该桥结构特点进行了"静力、动力方面分析研究""恒载自动调索""倒拆正装"电算程序、YG-300专用千斤顶、冷铸锚、PE管保护套，以及抗震、抗风等十多项科研课题研究与试验，其中6项成果在国内获奖。

图 4-14 天津永和大桥

(图片来源于公众号：海河，2016 年 8 月 6 日发布)

图 4-15 永和大桥新铺装桥面

(图片来源于公众号：海河，2016 年 8 月 6 日发布)

1988年3月，由天津市土木学会、天津市市政工程局和铁道部大桥工程局联合主办召开了"天津永和大桥学术研讨会"，编印了一本论文集，收集有关设计、科研和施工的论文共36篇，在这次盛大的全国性斜拉桥专题技术研讨会上进行广泛交流，对推进我国大跨度斜拉桥技术向前发展具有非常重要的指导意义。并且与会近百位专家一致评价："永和大桥的建设，为我国斜拉桥的发展积累了经验，做出了贡献。"

三、南浦大桥

20世纪90年代，正值上海经济趁着改革开放的东风腾飞之时，飞跨黄浦江的南浦大桥可以说就是这"腾飞"的象征。涛涛黄浦江象征着上海，被称为上海的"母亲河"。地理上黄浦江将上海"一分为二"，分为浦东和浦西，江水自古滋润着两岸生息繁衍。然而"功亦浦江弊亦江"，浦西是曾经的"十里洋场"，繁

图4-16　南浦大桥

（图片来源：百度百科）

华鼎沸，而由于地域的分隔，浦东则只能望江兴叹。"宁要浦西一张床，不要浦东一套房"说的就是两岸因无法联通而造成的巨大的发展不平衡现象。

在党中央、国务院的关心下，在几届上海政府努力下，浦江两岸终于迎来了历史性的巨变，1988年12月15日，南浦大桥工程终于打下了第一根长52米的钢管桩，经过三年艰苦卓绝的建设，1991年12月1日大桥正式通车运营。

南浦大桥连接了上海黄浦区与浦东新区，线路全长8364米，主桥为一跨过江的双塔双索面斜拉桥，全长846米，采用钢梁与钢筋混凝土预制板相结合的叠合梁结构，主孔跨径423米，塔高150米，为折线H型钢筋混凝土结构。每座桥塔两侧各以22对钢索连结主梁，索面呈扇形布置。塔座基础选用直径914毫米，深达50余米的钢管桩群桩基础。大桥引桥为预应力钢筋混凝土梁体和钢筋混凝土墩台结构，全长7500米，浦西引桥长3754米，以复曲线成螺旋形、上下两环分岔衔接中山南路和陆家洪路；浦东引桥长3746米，向东直通杨高路，并以两个复曲线长圆形环与浦东南路两头相连。大桥主路段为双向六车道城市快速路，设计车速每小时60千米，日通行能力4.5万至5万辆机动车。另外，大桥东西两岸还建有高达50多米的观光电梯，由此登上南浦大桥，黄浦江两岸的风光尽收眼底。

大桥开通之后，汽车从桥上过黄浦江，由过去排队轮渡耗费2小时以上，缩短为7分钟。当年新华社报道："南浦大桥将是开发、开放浦东，振兴上海的一条宽阔跑道。"邓小平亲自题写了四个大字"南浦大桥"，这座当年国内第一跨度斜拉桥，见证了中国现代建桥历程的波澜壮阔。

四、杨浦大桥

杨浦大桥是上海市境内连接杨浦区与浦东区的过江通道，位于黄浦江水道之上，为上海内环高架路组成部分之一。大桥北起上海内环高架路，上跨黄浦江水道，南至张江立交；线路全长8354米，主桥全长1172米。

图 4-17　建成初期的杨浦大桥

（图片来源：解放日报，2017 年 10 月 23 日发布）

杨浦大桥为双塔双索面斜拉桥，采用钢梁与钢筋混凝土预制板相结合的叠合梁结构，一跨过江。塔型为倒 Y "钻石"形，漂浮体系，浦东、浦西桥塔处以 0# 索连接主梁，索面呈空间扇形布置；引桥为预应力钢筋混凝土梁和钢筋混凝土墩台结构。桥址江面斜宽551米，主跨跨径602米，总宽35.5米，设6车道，两侧各设宽2米的人行道，主桥塔高208米，主塔钢管桩群桩基础直径0.9米，深度53米，浦东、浦西桥塔两侧各设钢索32对，共计256根，最长330米，重3吨；引桥全长6482米，其中浦西引桥长 3103 米，浦东引桥长 3379 米；全桥钢结构总重量约 1.26 万吨。

　　杨浦大桥建成后，超越 1991 年建成的挪威主跨 530 米斯堪桑德大桥，成为当时世界最大跨径双塔双索面斜拉桥（1995 年被法国主跨 856 米诺曼底大桥超越）。在杨浦大桥的建设过程中，设计团队提出了钢箱梁简化加劲的合理建议和加劲肋的设计方法；改进了拉索锚箱设计；整理了中国桥梁抗风稳定性的理论分析、试验内容和方法，为中国大跨度悬吊体系的抗风设计准则和实验方法奠定了科学和实践基础。它的建成标志着我国斜拉桥的建设水平已进入世界前列。

图 4-18　杨浦大桥夜景

(图片来源：解放日报，2017 年 10 月 23 日发布)

五、福建青州闽江大桥

　　福建青州闽江大桥位于闽江与乌龙江汇合处下游 2 千米处，北接福州市马尾经济开发区，南接长乐市营前镇，是国道沈海高速上跨越闽江出海口、通往福州长乐国际机场的一座特大型桥梁，为一座主跨 605 米的双塔双索面叠合梁斜拉桥。

图 4-19 青州闽江大桥

(图片来源：中铁大桥院，2020 年 11 月 24 日发布)

图 4-20 青州闽江大桥夜景

(图片来源：福建公路，2016 年 6 月 24 日发布)

青州闽江大桥主桥长 1185 米，桥面宽 29 米，双向六车道。主跨采用（90+200+605+200+90）米钢箱梁斜拉桥方案。主梁采

用工字型边梁与预应力混凝土桥面板叠合断面，主塔采用菱形混凝土结构，A字型桥塔，塔高175米。拉索结构为钢绞线斜拉索，空间索面、梁上索距为13.5米，是国内首次采用板式斜索锚固结构。主墩基础分别采用大直径钢管桩和钻孔桩，以及国内最大的吊箱围堰。采用气动措施，解决了抗风能力较弱的结合梁在强风地区大悬臂施工及成桥的抗风稳定问题。

青州闽江大桥是沈海高速公路的重要组成部分，这一重大工程的建成对福建省改革开放、发展经济有着巨大的促进作用。

六、东海大桥

东海大桥是中国境内一座连接上海市浦东新区南汇新城镇与浙江省舟山市嵊泗县洋山镇的跨海通道，位于中国浙江省杭州湾洋山深水港海域内，为沪芦高速公路南端疏港支线组成部分，也是洋山深水港的重点配套性工程之一。东海大桥始建于2002年6月26日，并于2005年5月25日全线贯通。

东海大桥北起上海市芦潮港，上跨杭州湾东北部海域，向南至舟山群岛西北部的崎岖列岛，依次经过大乌龟岛和颗珠山岛后，止于小洋山岛。大桥是一座集多座桥隧为一体的群体工程，从北向南依次由陆地段（北引桥）、跨海段（主桥）和港桥连接段（南引桥）三大部分组成。东海大桥主航道桥为连续多跨的双塔中央单索面斜拉桥，三座副航道桥全部采用变高度预应力混凝土连续梁桥，东海大桥主桥为连续多跨的双塔双索面叠合梁斜拉桥，建成时为全球最长的外海大桥。

图 4-21　东海大桥

(图片来源：微服私行，2022 年 5 月 29 日发布)

图 4-22　东海大桥全景

(图片来源：微服私行，2022 年 5 月 29 日发布)

东海大桥历时40个月优质高效建成，经验收考核，综合指标达到优良级；与国际同类工程相比，东海大桥工期缩短一半，投资节约60%，并形成完整的一体化设计施工理念，开创了中国外海超长桥梁建设理论和实践先河，取得了显著经济和社会效益，有力地推动了中国桥梁建设领域的科技进步，对经济建设和社会发展具有重大战略意义。东海大桥主航道桥作为中国第一座在外海建造的大跨度斜拉桥，其设计和工程实践丰富了斜拉桥结构形式，为今后斜拉桥设计提供了新思路。

七、苏通大桥

苏通长江公路大桥，简称苏通大桥，大桥北接南通，南连苏州。历史上虽有"海通辽海诸夷，江通吴越楚蜀，运渠通齐鲁燕冀"一说，但长江恰似天堑横亘在眼前，让历代诸多志士望江兴叹。由于没有桥，两岸百姓们历来靠轮渡过江，1987年5月8日，南通侧长江上发生了特大沉船事故，造成105人遇难，两岸百姓迫切需要一座宽阔牢固的大桥通向对岸。

苏通大桥2003年6月开工，历经5年建设，2008年6月30日建成通车。苏通大桥摘下当年桥梁建设的"奥运金牌"，它曾经是我国桥梁建设历史上规模最大、综合建设条件最复杂的特大型桥梁工程，创下了四项世界之最。

苏通大桥全长32.4千米，其中跨江部分长度为8146米，是七跨双塔双索面钢箱梁斜拉桥，七跨分别布置为（100+100+300+1088+300+100+100）米，如图4-23，其中主通航桥跨度1088米，船舶通航净空高度62米，可通航5万吨级邮轮。大桥采用双向6车道高速公路标准，连接线设计速度120千米/时，跨江部分设计速度 100 千米/时。两座"人"字形桥塔塔高 300.4 米，每座巨型桥塔两侧分别伸出 68 根拉索，其中 8 根最长拉索每根长达 577 米，合力牵拉着 4.9 万多吨重的钢桁梁。这样巨大的桥体体量，其主承重桥墩采用了 131 根直径为 2.5~2.85 米，长约 120 米的灌注桩基础，使得承重台面积接近于一个足球场。苏通大桥工程师克服了复杂的气象、水文、地质等条件，创下了当时世界最大跨度、最高桥塔、最长斜拉索、最深桥梁桩基四项世界纪录。

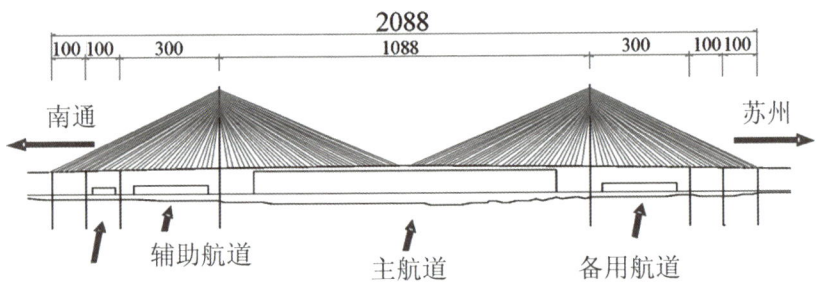

图 4-23　苏通大桥主桥布置示意图

(图片来源：《中国工程学》，第 9 卷第 6 期)

八、深港西通道桥

在过去，香港与深圳虽然近在咫尺，但由于历史原因只能隔海相望。香港回归后，大陆与香港如何快速建立起密切的联系？两岸要怎样实现交流？人们要如何来往？答案就是架起一座连接大陆与香港的桥梁。两岸架桥不仅仅能解决交通问题，更是形成粤港经济纽带的关键一环。

在这样的历史背景下，深港西通道桥，又称深港西部大桥，于 2003 年 8 月 28 日正式开工，于 2007 年 7 月 1 日香港回归十周

年之际正式投入使用。大桥全长4770米，连接深圳蛇口与香港元朗，其中香港侧3170米，深圳侧1600米。深港西通道桥建成时是国内桥面最宽的独塔单索面钢箱梁斜拉桥。桥面结构宽度38.6米，双向六车道为高速公路标准，设计速度100千米/时。大桥独柱斜塔单索面结构，断面采用棱角分明的多边形，形态犹如造型独特的雕塑。

图4-24 深港西通道桥斜塔单面索造型
(图片来源：百度百科)

深港西通道桥工程的主要技术特点和创新包括：提出斜塔斜拉桥索塔建筑及加劲梁安装平衡作业的施工方案，减少施工辅助设施，减少施工费用；成功采用倒梯形截面钢箱梁作为大跨斜拉桥加劲梁，实现混凝土塔与钢箱梁的固结，采用全焊接厚板作为斜拉索梁上锚固板；非通航孔桥采用箱梁分节段预制桥面吊机悬臂对称拼接技术；设计开发新型桥面钢护栏；研制并实施智能桥梁健康监测系统。除上述创新点，在深港西通道桥建设过程中，对环境保护的理念贯穿始终，全面引入"环境优先，以人为本"

的先进理念，项目研发和实践了基于人居影响最小的环境友好型全封闭下沉式城市道路工程技术，有效降低了城市主要道路噪声、废气排放对沿线人居环境的影响。首次系统比较了深港两地的环境质量标准，建立了一体化的环境保护标准，摸索出大型跨境工程集隧道、口岸、桥梁为一体的环境管理模式以及完善的生态补偿技术，为我国大型基础建设项目中环境的可持续发展研究奠定了基础。

图4-25　深港西通道桥

（图片来源：https://www.sohu.com/a/227197063_355799）

深港西通道桥这条"黄金通道"的打通，极大地改善了内地与香港之间的交通条件，车辆来往深港两地仅需10~15分钟，促进了深港两地人流、物流、资金流、信息流等经济要素的密切对流，为香港进一步打造亚洲商贸和物流枢纽助力，同时加快了深圳西岸连接珠三角地区，打造世界级物流中心的进程。

九、北盘江大桥

被称为世界第一高的钢桁梁斜拉桥——北盘江大桥位于云南省和贵州省交界的北盘江上。它北起贵州省六盘水市水城县都格镇，跨越北盘江后，南至云南省曲靖市宣威市普立乡腊龙村。大桥架设于群山峻岭之中，桥下的尼珠河就像脱缰的野马在大峡谷里奔腾而过。这样的峡谷激流曾经给云贵两省的民众出行带来巨大的不便，人们想要天堑变通途的愿望十分迫切。然而北盘江大桥桥址位于高原深山地区，跨越河谷深切600米的北盘江U形大峡谷，地势十分险峻。另外，桥址地处喀斯特地貌发育带，在这样的地方施工打钻，稍不留心就会打进溶洞。在这样的条件下修桥，难度到底有多大？有外国专家曾断言中国要想在这里修桥要花3000年。

事实上，北盘江大桥2013年动工建设，仅用时三年，2016年9月10日完成合龙，2016年12月29日竣工运营。研究团队根据环境充分研判运输、架设的可行性，最终确定了适用于山区环境中，主跨跨径为500米至800米的大跨径钢桁梁斜拉桥方案。建成后，大桥全长1341.4米，双向四车道高速公路标准，设计速度80千米/时。北盘江大桥被称为世界第一高，是因为大桥桥面至江面距离565.4米，这相当于200层摩天大楼的高度。大桥东、西两岸的主桥墩高度分别为269米和246.5米，主跨720米，跨度布置是（80+88+88+720+88+88+80）米。建成后，英国《每日邮报》的新闻标题是：你敢在如此高度上挑战开车吗？《美国华盛顿邮报》报道：这座"破纪录的中国桥梁"令人感叹。

图 4-26　北盘江大桥

（图片来源：https：//www.sohu.com/a/485298011_100146324）

"北盘江大桥科研项目"的研究成果不仅包含大跨径钢桁梁斜拉桥结构体系和主梁构造方案，还包含研发了关键施工环节的配套设备，研究并开发了施工管理系统软件，建立了关键部位疲劳损伤监测评估方法，提出了运营和应急管理决策策略，为云贵地区特殊地质的山区大跨度桥梁设计、施工与运营积累了宝贵的经验。2018 年，北盘江大桥荣获世界桥梁界的诺贝尔奖——古斯塔夫金奖。北盘江大桥的通车，使得云南宣威城区至贵州六盘水的车程从此前的 5 个小时缩短为 1 个多小时，有效改善了云、贵、川、渝等地与外界往来的交通状况，提高了区域路网服务水平，发挥出高速公路辐射带动效应，促进了地方社会经济发展，为国家"一带一路"战略添上了浓墨重彩的一笔。

十、港珠澳大桥

于 2018 年通车的港珠澳大桥被称为桥梁界"珠穆朗玛峰"，

其建设过程历经艰难险阻，攻克无数难题，从构思到建成历经长达数十年的时间。1983年，香港的建筑师胡应湘最早提出了建造港珠澳大桥的想法，之后进行了二十多年的研究筹备；2009年12月15日，港珠澳大桥正式开工建设；2016年6月29日，主体桥梁成功合龙；2016年9月27日，港珠澳大桥主体桥梁正式贯通；2017年7月7日实现主体工程全线贯通；2018年2月6日完成主体工程验收；同年10月24日上午9时开通运营。由此可见，港珠澳大桥的修建时间跨度之大，体现出大桥的建设难度，也体现出国家对港珠澳地区的重视程度。

这座世界第一跨海大桥全长55千米，由桥、岛、隧三部分组成，连接粤港澳三地。大桥东起香港岛，通过12千米连接线，经东人工岛进入世界最长的海底隧道，再由西人工岛进入22.9千米长的大桥，然后分流到澳门或珠海。大桥设计寿命120年，可抗8级地震，16级台风，30万吨撞击。港珠澳大桥用钢量42万吨，相当于60座埃菲尔铁塔；用来快速成岛的120个钢圆筒，每个圆筒体积相当于一栋占地109平米、高18层的楼房，重550吨，相当于一架A380客机；隧道由33节沉管组成，每节长180米，重8万吨，相当于一艘中型航空母舰，港珠澳大桥的巨大体量由此可以想象。

在港珠澳大桥的诞生过程中，科技创新的理念贯穿始终，设计施工团队研发的工法与装备，攻克了一系列世界级难题，打破了多项世界纪录。岛隧工程是港珠澳大桥建设核心。东西人工岛创新采用了超大圆钢筒振沉围护止水筑岛的工法，联合外国研发出世界最大八锤联动振沉系统，将巨型圆钢筒直接固定在海床上，然后在中间填土围筑形成人工岛，如图4-28。与传统工艺相

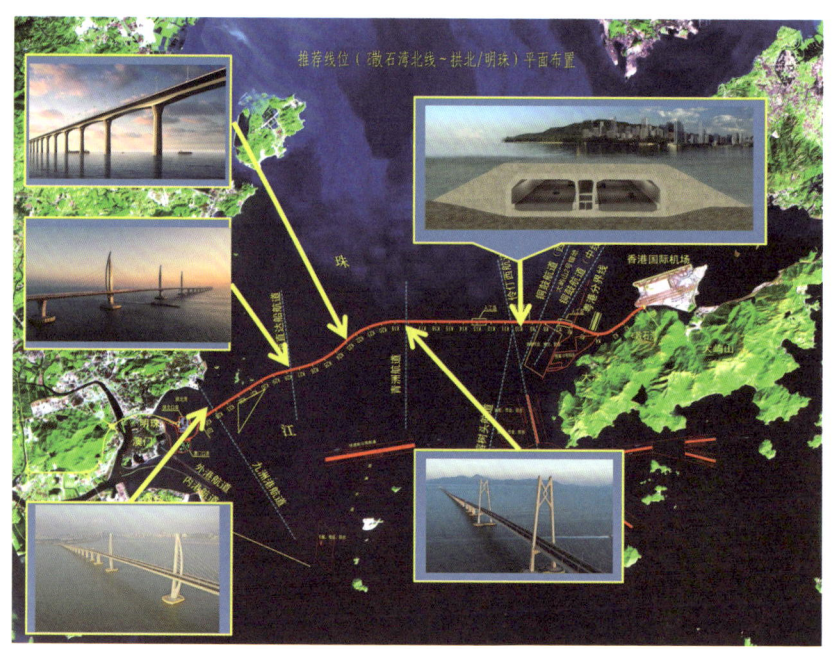

图 4-27　港珠澳大桥总平面图

(图片来源：https：//www.sohu.com/a/271297332_ 348945)

比，不但大大缩短了工期，还减少了近千万立方米的淤泥开挖量。建成后的人工岛就像两艘巨型航母停泊在海面上，在这两座人工岛之间是一条长达 6.7 千米的世界最长海底隧道。建设海底隧道，首先要在海床上挖出一条沟槽，在沟槽之上铺设两三米厚的石块。如图 4-29，津平一号——专门为港珠澳大桥量身打造的世界最大整平船，负责将这些石块夯实整平，为沉管铺设海底基床。深水无人沉放定位系统依次安装对接沉管，最后由振华 30——大国重器的代表，同样是专门为大桥设计制造的世界最大起重船，完成重 6000 吨的最终接头的吊装、定位以及与沉管之间误差为毫米级的对接，实现了大桥的最终合龙，如图 4-30。除岛隧之外，桥梁部分所有构件，无论大小，包括上千吨重的桥墩、桥身和 100 多米高的桥塔，都是在工厂整件制造，然后运至海上，像"搭积木"一样拼装在一起。这样创新的施工方式既满足了工程质量和安全的需要，也最低限度地减少了对紧邻航道交通的影响，更好地保护了生态环境。

图 4-28　钢圆筒围筑人工岛

（图片来源：https：//zhuanlan.zhihu.com/p/47567603）

图 4-29　世界最大整平船津平一号

（图片来源：https：//www.whb.cn/zhuzhan/cs/20190513/262334.html）

图 4-30　最终接头的安装沉放

(图片来源：https://m.sohu.com/a/143803531_260204)

图 4-31　港珠澳大桥

(图片来源：百度百科)

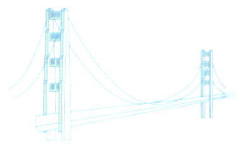

在港珠澳大桥建设过程中，长安大学沙爱民、贺拴海、谢永利、陈华鑫、刘健新、李加武、王元庆、杨志强教授等组成的6个科研团队参与了大桥科研攻关，多位人员参与了项目难题的技术攻关，更有很多校友直接奋战在大桥建设一线。从构思到建成历经数十年的港珠澳大桥，不仅代表了中国桥梁建造的最先进水平，更是中国国家综合国力的体现。建设港珠澳大桥是我国支持香港、澳门和珠三角地区联动发展的一项重大举措，是"一国两制"下粤港澳密切合作的重大成果。

十一、巴拿马运河三桥

由中交公路规划设计院牵头设计的巴拿马运河三桥，被誉为海外"中国制造"的十大名片之一，它是我国勘察设计企业首次海外中标的大型桥梁工程项目，可以说巴拿马运河三桥是一座建在海外的"中国桥"，该桥由长安大学罗晓瑜团队完成景观与造型设计。

2019年竣工的巴拿马运河三桥是巴拿马运河位于大西洋侧的第一座大桥，是连接巴拿马北部、运河东岸科隆市的玻利瓦尔路和运河西岸加通路的一座跨运河斜拉桥。大桥全长2667米，主跨530米，桥梁宽度20.8米，双向四车道高速公路标准，设计速度90千米/时。大桥主桥为（79+181+530+181+79）米五跨连续，混凝土双箱主梁斜拉桥，边跨设置一个辅助墩和一个过渡墩。大桥双塔双索面设计，共设128对钢绞线斜拉索，索面按扇形布置，每一索面由32对斜拉索组成，该桥建成时为世界最大跨度混凝土梁斜拉桥。

巴拿马运河三桥建设历时六年多，建成后极大提升了世界运河的陆地交通条件，为所在地区四万多居民的出行带来了便利。大桥的建成通车，也代表着中国桥梁行业从追赶者到领跑者的精彩转身，成为展示中国科技水平巨大发展和综合国力的重要符号。"中国桥"不仅要在国内遍地开花，在海外，我国的建设者也架起连通世界的桥梁，以"中国制造"见证中国与各国的友谊。

图 4-32　巴拿马运河三桥

（图片来源：https：//www.cgarchitect.com/images/240f2e0c）

十二、果子沟大桥

果子沟大桥是中国国内首座大跨度公路钢桁梁斜拉桥，位于中国新疆维吾尔自治区伊犁哈萨克自治州霍城县，地处果子沟与将军沟交汇处、新疆北天山西部的果子沟风景区内，大桥线路全长4.4千米，大桥全长700米，高206米，采用（170+360+170）

米跨径布置，其中主跨 360 米，梁上索距 12 米，塔上索距 2.1 米，桥面全宽 26.93 米。大桥采用双塔双索面钢桁梁斜拉桥方案，大桥分别由主桥、两座桥塔、斜拉索、引桥组成，主桥路段呈西南至东北方向布置。大桥北起蒙琼库勒，上跨果子沟峡谷，南至将军沟隧道，途经该桥线路为连云港—霍尔果斯高速公路（国家高速公路 G30）。

果子沟大桥处于果子沟风景区，桥梁景观要求高，根据果子沟大桥复杂地形、复杂气候、脆弱生态、风景区景观要求、有效工期短、施工场地狭窄等建设条件，果子沟大桥选择钢桁梁斜拉桥作为实施方案，较好地解决了山区地形构件运输、梁体架设问题，体现了桥型选择与建设条件的紧密结合；而斜拉桥主塔对桥梁景观起到至关重要的作用，主塔桥面以上高度低于塔墩高度，设计采用阶梯造型，视觉在高度方向进行分割处理，取得了较好的景观效果。

图 4-33　果子沟大桥

（郭宁　摄）

图 4-34　果子沟大桥

(郭宁　摄)

　　果子沟大桥于 2006 年 8 月 16 日动工兴建，于 2010 年 8 月 28 日完成主桥合龙工程，大桥全线贯通；于 2011 年 9 月 30 日通车运营。果子沟大桥是国内少有的高寒地区特大桥，它集新技术、新结构、新工艺、新设备"四新"于一身，是新疆公路建设史上一次重大突破，同时该桥为中国山区特大型桥梁建设提供了新的思路。建成的大桥与果子沟的美景浑然一体，为果子沟国家级风景区再添一道美丽的风景线。

第五章
栈 道 桥

桥

—— 跨江越河，连通世界

第一节 栈道桥的由来

栈道是一种桥式山区道路,由悬崖绝壁上的凿孔架桥连阁而成,又称"阁道""复道"。栈道桥是我国古代一种巧妙的桥梁形式,是一种特殊的梁桥。栈道起源于战国时期,拓展于秦汉两代,通常是山区与外界沟通、兵家攻守的交通要道。

栈道是我国古代特有的道路交通设施,主要分布于我国的西南、西北和华南地区,其中最著名的要数秦(陕西)蜀(四川)之间的栈道。

图5-1 四川广元西陵峡东段明月峡半山崖栈道

(图片来源:https://www.meipian.cn/29ma4e57)

最早记载栈道的《史记·范雎蔡泽列传》中说:"栈道千里,通于蜀汉,使天下皆畏秦。"在秦巴大山中凿架栈道,将自然踩踏出来的原始小道开凿成能过车马的栈道,是中国古代科技力量的一次大飞跃,是更早于万里长城和大运河的一项大规模土木工程。秦蜀古栈道的修建通行使战国时期的秦国南取巴蜀成为可能,从而开始统一六国的进程。秦朝建立后,开始修建以咸阳为中心、通向全国的道路网——驰道,于是打破秦岭屏障通往南方各地区的栈道出现了。春秋时的秦国,就已在川陕之间的汉中地区建造过总长1800千米以上的栈道。

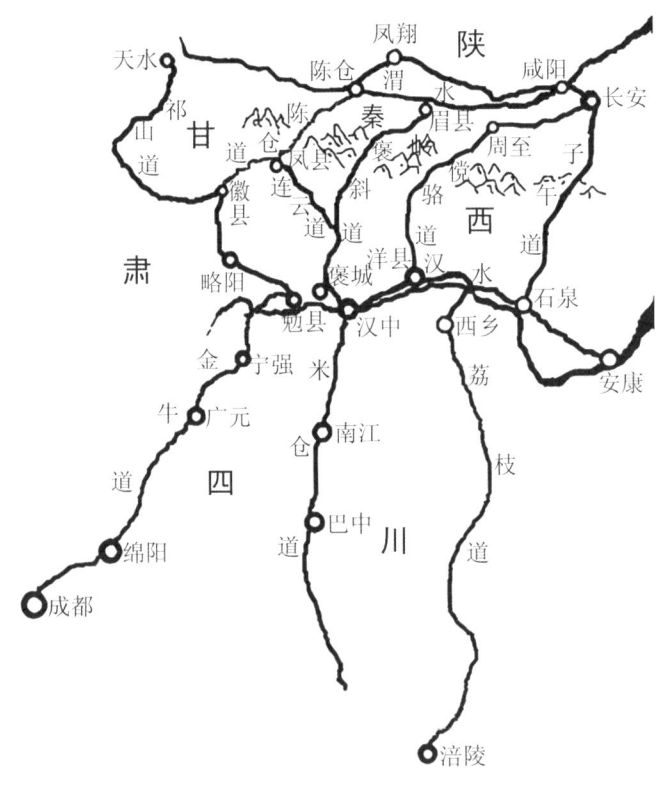

图5-2 秦蜀栈道图

(图片来源:http://k.sina.com.cn/article_ 7475940494_ 1bd99cc8e02000xogw.html)

第五章 栈道桥

穿越秦岭的主要有四条道路，自西向东分别为：陈仓道、褒斜道、傥骆道和子午道。穿越巴山的又分为三条道路，自西向东分别是：金牛道、米仓道和荔枝道。这些古栈道相互连接，形成了我国古代蔚为壮观的古秦蜀道。

现代意义上的公路、铁路出现仅有百年时间，在此之前的几千年间，秦巴山区的人们对外的沟通主要就是靠着这几条古栈道。韩信暗度陈仓的陈仓道，魏延企图实施奇谋的子午道，"安史之乱"唐玄宗入蜀避难的金牛道，"泾原兵变"唐德宗逃往奉天的傥骆道……在这些栈道上，上演了一幕幕征战、逃亡、火烧连天、驿马飞驰的风雨往事。

古栈道是中国古代劳动人民创造的工程奇迹，人们根据山地和峭壁的构造特点，因地制宜，为困在山区的百姓打通了一条生存与发展的通道。它的存在，对当时的经济贸易和文化交流发挥了重要的战略性作用。

中国古代道路中有一类专门的名称，将山间的缘谷通路，称为谷道。因为河谷平缓，可以减少翻越山岭之苦，所以谷道在选线上基本都是沿着河谷。比如：褒斜道沿褒水与斜水、陈仓道沿着嘉陵江河谷、傥骆道则沿傥水与骆水，这种沿山谷溪流两岸布设路线的方法一直沿用到现代铁道与公路的修筑之中，这样的路线被称为沿溪线。

谷道中有部分道路以特殊的形式来构筑，形成栈道。栈道的架设，根据山川河流的地形、地貌的变化，因势利变。在穿越秦巴大山的七条古道中，古人依据不同的山形水势，沿河创造了多种形态的栈道。

依据古栈道桥的遗迹，分析考证出的栈道桥修建形式有以下几种：

1. 依崖梁柱式。这是栈桥最基本最原始的形式，这类一梁一柱的栈道还被称为标准式栈桥。陡险崖壁上凿孔安木梁，水中立木柱托梁，再在梁上铺木板成路。

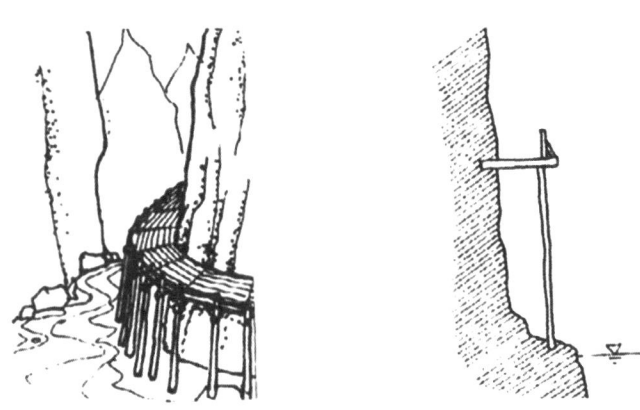

图 5-3 依崖梁柱式栈道

（图片来源：https://www.guayunfan.com/baike/62905.html）

2. 依崖梁柱斜撑式。将依崖梁柱与斜撑结合使用，便构成这种更加牢固的依崖梁柱斜撑式栈桥。

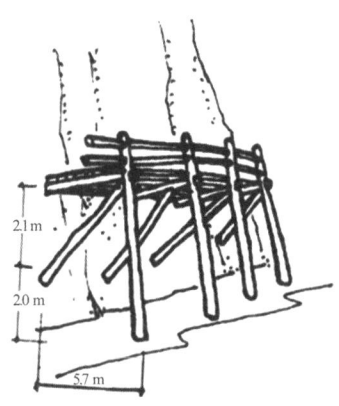

图 5-4 依崖梁柱斜撑式栈道

（图片来源：《中国科学技术史·桥梁卷》）

3. 依崖斜撑式。在壁高水深、无法垂直立柱的地方，人们在壁孔下方凿孔立斜柱以托横梁，即依崖斜撑式。依崖斜撑式分成直接斜撑式和木枋斜撑式两种。直接斜撑式是在悬崖上直接将孔凿成倾斜状以插立斜柱托梁；而木枋斜撑式的底柱（木枋）用榫卯方式结合在横出的短下梁上，斜托上梁，它的遗迹一般留有两排相对应的斜孔，无底孔。

图 5-5　依崖直接斜撑式（剖面图）　　图 5-6　依崖直接斜撑式栈道

（图片来源：https：//www.guayunfan.com/baike/62905.html）

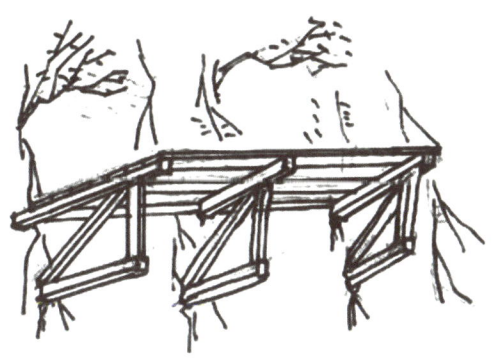

图 5-7　依崖木枋斜撑式栈道

（图片来源：https：//www.guayunfan.com/baike/62905.html）

139

中国古画中保存有栈道的写照，五代后梁（907—923）关仝所绘《蜀山栈道图》中右上方，便是依崖斜撑式栈道。

图5-8　蜀山栈道图（藏于台北故宫博物院）

（图片来源：http://www.360doc.com/content/21/1021/18/73052226_1000739089.shtml）

4. 依崖双梁中柱式。在崖壁上有上下两排或两排以上同样大小相对齐的水平壁孔时，往往是上插较长的桥面梁、下插较短的承托柱梁，两梁之间撑以木柱。

图 5-9　朝天峡秦栈依崖双梁中柱式栈道

（图片来源：http：//www.360doc.com/content/15/1112/09/1282184_512512558.shtml）

图 5-10　朝天峡秦栈依崖三梁中柱式栈道

（图片来源：http：//www.360doc.com/content/15/1112/09/1282184_512512558.shtml）

5. 依崖一梁多柱式。这种多柱可比单柱支承更宽的桥面，北魏左校令贾三德在修复褒斜道、重开石门时，建栈提出"阁广四丈"，因运用一梁多柱使得支承面变广成为可能。

图5-11　依崖一梁多柱式栈道

（图片来源：《中国科学技术史·桥梁卷》）

6. 不依崖梁柱桥。不依崖梁柱桥、依崖一梁多柱式桥的结构与一般木梁桥相同，常在地形较平段，跨越支沟时采用。

图5-12　不依崖梁柱桥

（图片来源：《中国科学技术史·桥梁卷》）

7. 依崖有梁无柱式。俗称空木桥,《水经注》中称其为"干梁无柱"。因崖壁下水流深急,无法立直柱,而路面近水面,难于立斜柱,故采取无柱式。这种栈道多设以勾栏(栏杆)相护。此类栈道也有一种斜张拉加固型,即在栈道上方凿孔安木柄用铁索拉托横梁,类似今天的斜拉桥。

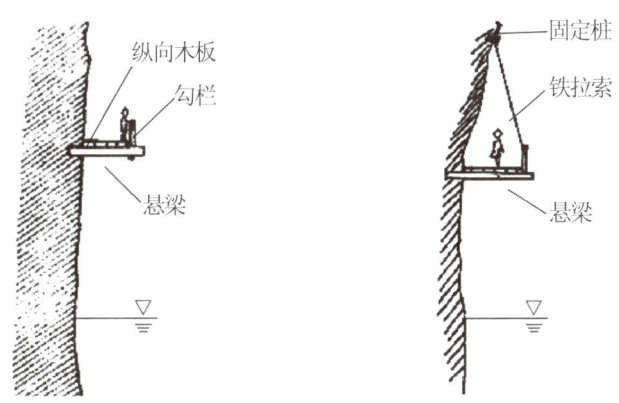

图 5-13 依崖有梁无柱式栈道　图 5-14 设斜拉索的依崖有梁无柱式栈道

(图片来源:https://www.guayunfan.com/baike/62905.html)

8. 石栈。无柱式栈道的悬梁可为木质,称为木栈,也可为条石,称为石栈。在崖边密插斜向上的短石梁,石梁之上以交错的石板铺成栈桥面。位于长江小三峡口的小三峡栈道,是典型的无柱式栈道,传说为秦司马错伐楚所创。

图 5-15　石栈

(图片来源:《中国科学技术史·桥梁卷》)

图 5-16 长江小三峡口无柱式石栈

(图片来源：https：//www.guayunfan.com/baike/62905.html)

图 5-17 孟良梯道无柱式石栈

(图片来源：https：//www.guayunfan.com/baike/62905.html)

第二节 栈道桥的受力

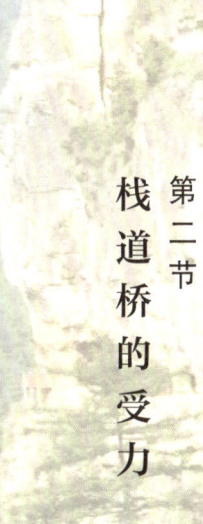

当我们看到那一条条窄而险峻的栈道桥立于峭壁之间或激流之上时,难免会因担忧其安全性而望而却步。事实上,古代栈道桥要承受密集的队伍和辎重,容两辆马车交错或并行通过。比如:木牛流马的"一脚四足"即一撑四轮,每轮集中载重约 125 千克;荔枝道上一骑红尘,负荷而驰,马蹄对桥面板的冲踏力约 168 千克,可见栈道桥具有相当高的承重能力。

栈道桥是如何承担车马行人的荷载呢?我们先来了解一下栈道桥的建造过程。

栈道桥的构造并不复杂,但施工环境与条件大多较为艰险。修建古代栈道桥的工匠是一群杰出勇敢的人,他们自几十米甚至百米高的悬崖用绳垂下,在半空中如猴子和飞鸟一样工作,用凿、锤等工具在崖壁上凿出孔洞,再插入粗木横梁。对应梁下,在河底石基上又凿一方孔插柱以作支撑,一梁一柱成为一架,上铺木板,形成并列的纵向桥面,最后在栈道旁安装铁链或木栏。工匠们在这些高耸入云的峡谷间,创造出这些足以震惊人类历史的栈道。

相比土石道路、切石挡墙来说，栈道的工程量其实不算大。以标准式结构为例，每间间距约为 1.5 米，所凿石孔宽约 40 厘米，深约 50 厘米，壁孔和柱孔各一个，每延米只需 0.107 立方米。栈道以宽 3 米计算的话，梁、柱、板及栏杆等木料约 0.2 立方米左右，木料通常可就地取材，加工简单。简单的结构，较少的工程量，带来了快速的施工速度。如李虞卿督修白水道作栈道 2309 间，一切材料准备好，一个月就可以走新路。按每间 1.5 米计，共 3463.5 米，每日可建成栈道 115.45 米。贾三德修石门左右栈道共二百余里，费时 14 个月，每日建成栈（及道）238 米。

图 5-18 栈道桥立面图

(图片来源:https://baijiahao.baidu.com/s？id=1715392947591014297&wfr=spider&for=pc)

栈道桥的设施结构包括粗木横梁、栈道桥面木板、铁链或木栏等,其中提供主要安全性受力保障的,是栈道桥上每一根安插在崖壁孔洞中的横梁,通过杠杆原理支撑着栈道桥受力。人们踩在木板上,横梁通过山体为木板提供支撑力,从而为过桥人提供安全保障。

第五章 栈道桥

第三节 我国著名的栈道桥

一、陈仓道

陈仓道,又名故道、散关道,有说陈仓道较其他栈道修建较早,所以也称故道。陈仓道从宝鸡益门镇(陈仓)向西南出散关,沿嘉陵江上游(故道水)谷道至今凤县,折西南沿故道水河谷,经今两当(汉故道)、徽县(汉河池)至今略阳(汉嘉陵道)、勉县抵汉中,或经今略阳境内的陈平道至今宁强大安驿接金牛道入川。

关于古陈仓道,西汉司马迁在《史记·高祖本纪》中记载:"汉王之国,项王使卒三万人从,楚与诸侯之慕从者数万人,从杜南入蚀中。去辄烧绝栈道,以备诸侯盗兵袭之,亦示项羽无东意。"三十六计中"明修栈道,暗度陈仓"就发生在这里,刘邦被项羽无奈逼到汉中,不得不以烧绝栈道为掩饰,敛藏野心,从而迷惑项羽,让项羽以为自己无法出蜀构成威胁。后又让韩信派兵去修复栈道以麻痹敌人,暗中却调遣主力奇袭陈仓,刘邦因此获胜,占领了关中地区,为以后建立汉朝奠定了基础。刘邦明修的栈道是褒斜道,而那条在军事地图以外的奇袭山路,正是陈仓道。

图 5-19　宝鸡大散关前的陈仓道

(图片来源:https://baijiahao.baidu.com/s?id=1722272508000816059&wfr=spider&for=pc)

二、褒斜道

褒斜道从陕西眉县西南 15 千米的斜谷口入渭水支流斜水(现名石头河)69 千米,沿着斜谷上至桃川谷地,然后从褒水支流太白河河谷 198 千米,下行沿褒水河谷到褒城,除去两河上源各 10 千米未被利用,北至斜谷口(在眉县之南斜峪关口),南起褒谷口(在汉中褒城的北大钟寺附近),绵延 247 千米。

褒斜道是栈道中较古老并且十分有名的栈道,古时是连接关中与汉中最主要的通道。褒斜道的开辟可以追溯到史前时期,清初顾祖禹所撰《读史方舆纪要》中称:"褒斜之道,夏禹发之。"

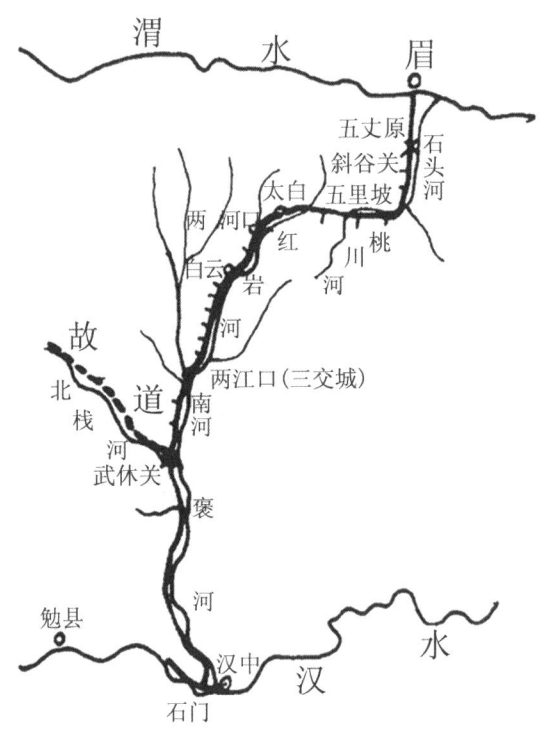

图 5-20 褒斜道走向图

(图片来源:《中国科学技术史·桥梁卷》)

褒谷口石门隧道留下的《石门颂》,在介绍古道上车马络绎的盛况时说:"穹隆高阁,有车辚辚。咸夷石道,骊牲其骊。千载绝轨,百辆更新。"褒斜道最繁华的时候,沿途建设的亭馆驿站等各种建筑多达6000多座,行军打仗,商贾云集,熙熙攘攘。

和其他通往巴蜀的栈道相比,褒斜道开辟时间较早、路程最短,且中间无需翻山越岭,一直沿河谷行进,相对于其他几条古道要平坦得多,古道上流传的故事也就更多。比如:周幽王为博美人一笑而"烽火戏诸侯",以及秦末楚汉争霸初期的刘邦为迷惑项羽,"烧绝所过栈道,示天下无还心"。其中的"栈道"指的就是褒斜道,褒斜道一度因此中断。

图 5-21　褒斜河谷是古代先民迁徙的生命之路

(图片来源:http://k.sina.com.cn/article_7475940494_1bd99cc8e02000xogw.html)

历史上,褒斜道曾多次改道、修葺。西汉时,汉武帝刘彻拜张汤为汉中守,曾征集数万人修建褒斜道 250 千米。三国时期,因魏蜀相争,褒斜道被封断,但因征战的需要,又经过 4 次较大规模的修葺。魏晋南北朝北魏宣武帝正始三年(506 年),诏遣左校令贾三德领万余人重修褒斜栈道,宣武帝永平二年(509 年)完工,当时"阁广四丈,路广六丈"。北魏以后,褒斜道的线路又经过多次变化。唐代前期,褒斜旧道虽通行旅,但已经不作为驿路。唐之后,均以唐斜谷道(连云栈道)作为入蜀主道。到清康熙三年(1664 年),陕西巡抚贾汉复对唐褒斜道进行了最后一次大规模修整。

修褒斜道时"石坚不受斧凿",古人就用了"火焚水激"之法;栈道需要坚实耐用的支撑,古人就用了"平梁直柱与斜撑结合"的结构;在遇到以上方式都无法穿行的状况时,还开凿了我国历史上首条"公路隧道"(石门隧道)。此外,褒斜道上还存在若干桥梁工程。

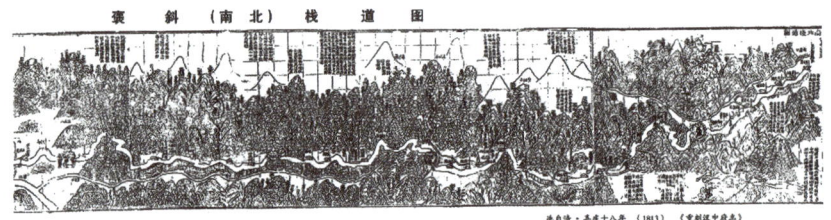

图 5-22 明清时期的褒斜南北栈道图

(图片来源:http://k.sina.com.cn/article_7475940494_1bd99cc8e02000xogw.html)

通过隧道、桥梁、栈道连结后的褒斜道,其常规路面宽近 18 米(栈道以外路段),能容纳汉制 1.5 米车轨十道,相当于今天的双向五车道公路。北魏《石门铭》记载:"阁广四丈,路广六丈,皆填溪栈壑,砰险梁危。自回万至谷口三百余里,连辀骈辔而进。"除了栈道路段稍窄点之外,其余路段都是按五车道设计的。

从秦朝至清朝,褒斜道在历史舞台上持续演绎了 3000 年,直到民国时新建了宝汉公路,褒斜道才开始由新公路替代。

三、金牛道

从陕西汉中进入四川腹地的三条道路,东为接子午道通往涪州的荔枝道，中为从兴元府南下通到巴中的米仓道，最重要的就是西边通往成都的必经之路金牛道。金牛道自汉中经剑阁道至成都，全长约 600 千米。

金牛道，又称石牛道。在秦栈之中，陈仓道称为北栈，金牛道称为南栈，起点自宁羌州（宁强）北 45 千米的褒中金牛峡，传说是秦惠王会蜀王，秦王作五石牛的地方，金牛道得名就源自"石牛粪金、五丁开道"的故事。

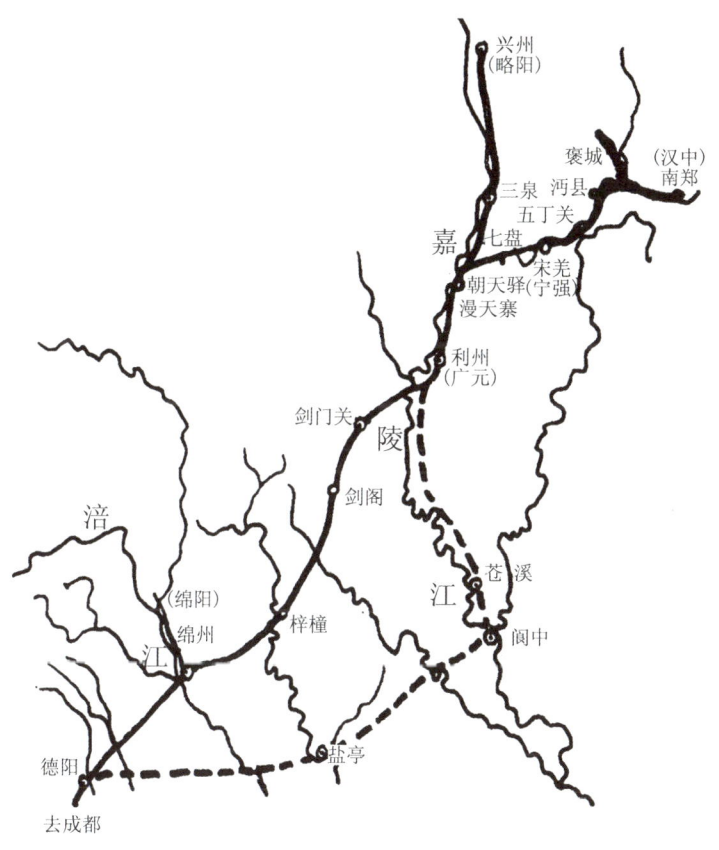

图 5-23 金牛道走向图

（图片来源：《中国科学技术史·桥梁卷》）

战国秦惠王时期，第十二世蜀王至秦国的军帐中。蜀王此行的目的是来接受一份贺礼——一头神牛，它的粪便是金灿灿的黄金。蜀王对此深信不疑，并决定为此打通巴山天险，迎接神牛入蜀。为此，无数的劳役开始了艰难的筑路工程。蜀人用最原始的工具，为后世上演了一部五丁开山的神话史诗，而这条用血汗换来的道路却让他们的国家走向了灭亡。原来，秦惠王时期的秦国与蜀国边界已在汉中盆地接壤，但因巴山天险阻隔，秦人很难进入蜀地，想要荡平古蜀国的江山，必须要有道路连接。而秦王一手炮制的那头神牛，便是秦国大军的开路先锋。神牛终于来到了蜀国，随之而来的还有秦国如狼似虎的军队。

图5-24 四川广元明月峡栈道

(图片来源：http://www.360doc.com/content/20/0721/00/13031597_925677156.shtml）

蜀汉诸葛亮北伐中原之前，曾大修金牛道，在朝天峡、清风峡处凿石架空为阁，开辟了嘉陵云栈和剑阁道。

剑阁道架设在险峻的剑山上，全长15千米。唐宋时期剑阁栈道依然兴盛，唐朝时期的刘禹锡、石文颖曾开凿散关至剑门关的驿路。唐宋诗词中关于剑阁栈道的众多描写中，最著名的莫过于李白的"蜀道难，难于上青天"了。明朝时期仍然是沿栈道而过剑门，明末战乱，四川陷入灾乱，剑门栈道被毁弃。

图 5-25　金牛道剑门关段

(图片来源:http://www.360doc.com/content/16/0622/10/11329422_569742707.shtml)

四、荔枝道

荔枝道是蜀道南段中的一条栈道，因它北起洋州（今陕西洋县），南至巴州（今重庆），也称洋巴道。荔枝道从洋县出发，溯泾洋河而上，翻越大巴山，顺龙溪河而下至重庆涪陵，全长500

余千米。

在关中越大巴山到四川盆地的三条蜀道中,金牛道通往成都,米仓道通往巴中,沿巴江可至川东南诸地,荔枝道则通往万源、涪陵,进而到达重庆。

图 5-26　荔枝古道路线图

(图片来源:http://www.360doc.com/content/16/0622/10/11329422_569742707.shtml)

唐天宝年间(742—756),相传唐玄宗为满足宠妃杨玉环食新鲜荔枝的喜好,建起一条专供荔枝运输的驿道,形成其基本干道。它以大唐涪陵郡为起点，经子午道到达长安，最初作用是运输中国古代涪州出产的荔枝，荔枝道就因此而得名。杜牧的《过华清宫绝句三首》："长安回望绣成堆，山顶千门次第开。一骑红尘妃子笑，无人知是荔枝来。"给荔枝道注入了丰富的文化内涵，如今也成为荔枝道文化遗产的重要组成部分。

图 5-27　风雨兼程运输荔枝的驿使

(图片来源:https://baijiahao.baidu.com/s？id=1662122457219319371&wfr=spider&for=pc)

新石器时代晚期，荔枝道就开始了其早期形成发展的历史，是当时关中通往巴蜀的重要通道，也是秦、巴、楚文化交融之所，还是古代先民南北迁徙的一条重要通道。汉唐时期以荔枝为代表的南方果品不断北运，拓宽了南北经济文化交流的范围。荔枝道在开元盛世这一中国历史上辉煌的乐章中奏响了其发展史上的最强音，又在安史之乱后唐王朝由盛转衰、全面走向下坡路的倏忽之间而衰落。荔枝道延续数千年，历代王朝都将它作为通蜀的主要交通要道。明清时，商贾多由荔枝道入川。

从三国时期的谷道，到唐朝的荔枝道，再发展到今天与荔枝道的选线几乎重合的210国道，荔枝道在历史上不仅是出陕进川的一条重要通道，同时也为荆楚、巴蜀文化的交流与延续带来了繁荣。

五、华山长空栈道

华山长空栈道，位于华山极顶南峰东侧南天门外的山腰间，全长约百余米。华山长空栈道有700余年的历史，是华山派第一代宗师元代高道贺志真为远离尘世静修成仙，在万仞绝壁上镶嵌石钉搭木椽而筑。

华山长空栈道在华山南峰西岩下面，筑在光滑的绝壁上，栈道宽仅三十多厘米，一边空悬并无栏杆，一边崖上钉有铁索，可供抓手。栈道路栈分三段，出南天门石坊至朝元洞西，路依崖凿出，长20米，宽约70厘米，是为上段；折而下，崖隙横贯铁棍，形如凌空悬梯，行人须挽索逐级而下，称之"鸡下架"，是为中段；西折为下段，筑路者在峭壁上凿出石孔，楔进石桩，石桩之间架木椽三根，行人至此，面壁贴腹，脚踏木椽横向移动前行。

图 5-28　华山长空栈道

(图片来源于公众号：华山智慧旅游，2020 年 5 月 18 日发布)

长空栈道是华山险道的险中之险。古往今来，历险探胜者络绎不绝，其中不乏文士名流，多有记述传世。

六、麦积山石窟栈道

天水的麦积山石窟是中国四大石窟之一，被誉为东方雕塑馆，也堪称中国古代栈道修筑史上的经典之作。麦积山石窟始建于十六国后秦时期（384—417），历经十多个朝代，距今约 1600 多年。麦积山栈道凿空于 20～80 米的悬崖上，栈道"凌空穿云"，通达连接崖阁、摩崖龛、山楼，惊险陡峻。

麦积山石窟栈道修筑时因地制宜地采用了不同的工程技术措施，栈道盘旋往复修建于高山崖面之上，构筑成用木柱支撑于危岩之上的木结构道路。麦积山栈道完美体现了古代栈道修筑工程技术适应复杂地形条件的出色能力。当地至今还流传着谚语"砍完南山柴,修起麦积崖""先有万丈柴,后有麦积崖"。可见当时开凿洞窟、修建栈道工程之艰巨、宏大。

图 5-29 麦积山石窟栈道

(罗晓瑜 摄)

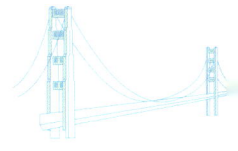

第五章　栈道桥

图 5-30　仰视麦积山石窟栈道（罗晓瑜　摄）

七、宁武悬崖栈道

宁武悬崖栈道，位于山西省城西 70 千米处，涔山乡张家崖村西的翔凤山上，创建年代可溯至唐德宗贞元年间，全长约 21 千米，是我国华北地区罕见的水平联动型栈道遗迹。古人在陡峭垂直的悬崖石壁上，用愚公移山的精神，开凿出一条连接了十余处悬空佛教建筑的栈道。宁武古栈道筑在峡谷阳面的悬崖绝壁中间，对面是茫茫林海。千年之前，古人突破自我，战胜自然条件，仅靠简陋的工具，一凿一锹，开凿出几十千米长的栈道，体现了古人精巧又绝妙的栈道设计与建造工艺技术。

图 5-31　宁武悬崖栈道

(图片来源于公众号：宁武旅游景点，2016 年 5 月 17 日发布)

第六章

浮 桥

—— 跨江越河，连通世界

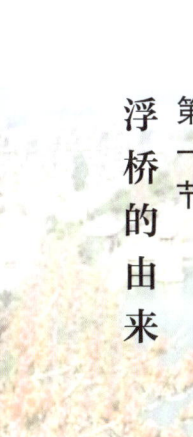

第一节 浮桥的由来

"浮"是漂在水面上的意思,浮桥即指浮在水面的桥梁,它是用并列的船、筏、浮箱代替桥墩,在其上铺木板而造成的桥。因此,浮桥又称舟桥、浮航、浮桁,因其架设便易,常用于军事目的,故也称"战桥"。全世界史籍中最早记载的桥就是浮桥,其中又以中国的浮桥为早。

图6-1 浙江衢州龙游浮桥

(图片来源:《今日龙游》,第3版,2015年5月13日)

早在公元前8世纪,《诗经·大雅·大明》就记述了周朝周文王为娶妻而在渭河上连舟搭桥，架起了一座浮桥的事迹。渭河浮桥把数十艘船绑在一起，并在船上铺上木头，靠近河岸的船则用绳索固定在两岸的木桩上。著名历史学家顾颉刚认为："吾国行用浮桥之历史，估计至少已越三四千年。"

那么，为什么要搭建浮桥呢？众所周知，我国自古便根据地形地势特点修建不同类型的桥梁。比如，在一些跨度不大的河面上，架设单孔桥梁（如赵州桥）；当河面超过一定宽度的时候，若河水较浅或者枯水期河水较浅，就架设多孔桥梁；若遇到高山峡谷，在条件允许的情况下，则架设吊桥（如泸定桥）。但遇到河水过深、河面过宽，或河水涨落起伏大的地方，无法修筑一般桥梁时，为了实现长期通行，就有必要架设浮桥。浮桥两岸多设柱桩或铁牛、铁山、石狮等以系缆。隋大业元年在洛阳洛水上建成的天津桥，是第一座用铁链连接船只的浮桥。浮桥目前在我国河南、山东、江西、浙江、广西等地方仍常见。

图 6-2　航拍石嘴山河滨黄河浮桥

（图片来源：宁夏新闻网，2019 年 12 月 23 日）

浮桥有四大优点。第一，构造简单。浮桥通常由四个部分组成——浮体、梁板、缆索及岸上或水中的锚定装置。第二，浮桥施工快，可迅速满足通行需求。清咸丰二年（1852年），太平军围攻武昌，只用一夜时间就建成两座横跨长江的浮桥。第三，造价低廉。浮桥不用设置水中基础和桥墩，工期短，尽管日后维护需要较高费用，但建造费用通常低于固定式桥梁。明代邹守益在《修凤林浮桥记》中，曾对石桥和浮桥做过比较："若用石梁桥，要费千金，而用浮桥，则费五百金便可，可根据需要而定。"第四，开合随意。浮桥便于移动，一旦遇到洪水或危急情况，可快速拆除浮桥，减小损失。

浮桥的不足之处主要是环境适应性较差。这表现在：第一，易遭受自然环境（与水文、天气相关）变化带来的不利影响，导致浮桥的安全性或通行能力降低。第二，载重量小，随波上下动荡不定，抵御洪水能力弱，需及时拆撤，并需要专人照看。第三，管理烦琐。舟船、桥板与系船的缆绳需要经常修葺和更换，维护费用昂贵。

第二节 浮桥的受力

浮桥是我国历史上应用浮力的典型案例。宇宙间万事万物的运行规律均由其受力情况所支配。浮力与重力方向相反，是竖直向上的。根据阿基米德原理，浸在液体里的物体受到向上的浮力，浮力大小等于物体排开液体的重力，即 $F_浮 = \rho_液 g V_排$，其中 g 为重力加速度（9.8 m/s²），$\rho_液$ 表示液体的密度，$V_排$ 表示的是物体排开液体的体积。

当物体浸入液体中，会受到来自前后、上下、左右六个方向的压力，作用在左右两个侧面上的力由于两侧面相对应，而且面积大小相等，又处于液体中相同的深度，所以两侧面上受到的压力大小相等，方向相反，两力彼此平衡，相互抵消。同理，作用在前后两个侧面上的压力也彼此平衡。但是上下两个面因为在液体中的深度不同，所以受到的压强不相等。上面受到的压强小，下面受到的压强大，下面受到的向上的压力大于上面受到的向下的压力。这就使得合力向上，产生了浮力。如图6-3。浮桥就是运用浮力的原理而建造出来的。

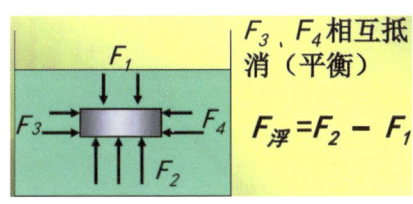

图 6-3　浮力示意图

（图片来源：沪粤版八年级物理下册第九章）

因此，要建造浮桥，首先需要将物体放入水中，舟（也就是小船）作为一种浮体结构，是最早用于浮桥建造的。通过将多艘舟连接起来，就可以在水面上建成一个连续的漂浮物。然后，将一连串漂浮的小舟固定住，锚定在一个地方，便于人们通行。这时，就需要在岸边修筑相应的连岸设施。这种连岸设施既有铁牛也有桥墩。最后，在小舟上铺筑木板，一座浮桥便修筑完成。

第三节 我国著名的浮桥

一、蒲津浮渡

蒲津渡遗址，位于山西最南端黄河东岸的蒲州古城西门外，是黄河中游古代三大渡口之一，自古就是连接秦晋交通的重要通道之一，被称为河东、河北陆道进入关中平原的第一锁钥，在政治、经济、军事诸方面都有着极其重要的战略意义，为历代兵家必争之地。

图 6-4　蒲津渡遗址出土时的全貌

（图片来源于公众号：美篇网）

蒲津渡河岸高，河面狭窄，河床坡度小，水流较缓，具有架设浮桥的天然优势。这里是最早也是最频繁出现浮桥的地方，是秦晋之间的交通枢纽，蒲津渡浮桥也是我国历史上记载最早的浮桥。据《春秋左传》记载，昭公元年（公元前541年），秦公子鍼携带资财、车辆，前往黄河东岸晋国，用舟船连接建造浮桥，开蒲津渡建桥之先河。到了战国时期，秦昭襄王为进攻韩、赵、魏，先后两次在蒲津渡口造桥。此后汉高祖刘邦定关中、汉武帝刘彻东征、隋文帝杨坚东进，均在蒲津渡连舟造桥。不过，这些桥都是临时性浮桥，没有桥墩，用竹索连接，寿命短，不安全。

图 6-5　蒲津渡遗址铁牛

（图片来源于公众号：山西文博会）

唐朝初年，河东为京畿，蒲州是长安与河东联系的枢纽。开元六年（718年），蒲州被置为中都，与西京长安、东都洛阳齐名。为了加强对河东、北方地区的统治，开元十二年（724年），唐玄宗任命兵部尚书张说（原籍蒲坂）主持修建新的蒲津浮桥，计划在渡口两侧各铸四头铁牛作为固定锚地,用铁链串连船只连成浮桥。为了对蒲津浮桥进行规模宏伟的改建,起固定作用的铁牛每尊重达8万斤左右,连同牵牛的铁人、固定船只的铁柱以及铁山、绞盘等物,耗用的生铁相当于全国年产铁量的百分之八十。《通典》《唐会要》《蒲州府志》均记载此事。蒲津浮桥倾尽唐王朝之国力而建,可以说是唐代的"三峡工程"。

由于朝代更迭和黄河易道等因素,蒲津渡浮桥经历数次兴衰。从唐开元十二年到元朝初年被烧毁的500年间,蒲津浮桥一直是铁牛系铁索、铁索连舟船。金、元交替之际,浮桥毁于战火,只剩下静卧于黄河两岸的铁牛。至明朝,蒲津关成为进出中原的重要关口,由此又先后四次建桥。直至清朝,由于黄河逐渐向西改道,蒲津渡慢慢被废弃。

"三十年河东,三十年河西"这句话最早来源于蒲津浮桥所在的黄河两岸。在2500多年的历史中,蒲津浮桥几历兴衰,这也折射出事物变化更替的历史规律。蒲津浮桥不仅是一个交通的载体,更是对历史的见证。

二、广济桥

广济桥,又称潮州湘子桥,位于广东省潮州市古城东门外,横跨韩江,联结东西两岸,是古代闽粤的交通要津。广济桥同赵州桥、洛阳桥、卢沟桥齐名,并称为中国"四大古桥"。古人有"到潮不到桥,枉向潮州走一遭"之说。广济桥由桥墩、石梁和桥亭三部分组成,全长约520米。东边梁桥长283.35米,具有12

个桥墩和一座桥台，12个桥孔；西边梁桥长137.3米，具有8个桥墩和7个桥孔。

第六章 浮桥

图6-6 广济桥

（图片来源：潇湘晨报，2020年11月2日）

广济桥集梁桥、浮桥、拱桥于一体，是潮州八景之一，也是中国桥梁史上的孤例，曾被著名桥梁专家茅以升赞誉为"世界上最早的启闭式桥梁"。广济桥距今已有800多年历史，始建于南宋乾道七年（1171年）。经过曾江、常炜等多位太守接续修建，广济桥最终历时57年建成。广济桥初为浮桥，后自东、西两岸向江心逐墩修筑。广济桥东段建有13个桥墩，西段建有10个桥墩，江心之处因水流湍急，无法建桥墩，故以24只船联结，形成了梁桥和浮桥相结合的基本格局。

宋末至元代，广济桥历经多次兴废，而后经过明朝大规模的修筑，桥上建筑阁楼12座、桥屋126间，它也被正式命名为"广济桥"。随着朝代更替，桥墩、船只或增或减，最终形成"十八梭船二十四洲"。其中"梭船"指的是连接成浮桥的、状如织布梭的木船，"洲"指的是桥墩。由于东、西两端桥墩之间机动灵活的梭船的存在，广济桥可开可合，不仅可以通行巨型船只，还可通过洪峰。

图 6-7　航拍广济桥

(图片来源：天空之城 Mack 摄影师)

广济桥一经建成，便成为货物集散和转运的重要枢纽，船舶逆韩江而上，直达内陆各地，奠定了今天潮州的商贸格局。自古

图 6-8　广济桥桥头

(图片来源：汽车之家启悦论坛)

以来，广济桥上店铺林立，市井文化生活丰富多彩，热闹非凡。曾有"到了湘桥问湘桥"的佳话。1988年，它被国务院选列为全国重点文物保护单位。

历代潮州工匠们克服重重困难，在湍急的韩江水中，从东西两岸向江心顽强推进，以其智慧建造了构思巧妙和具有极高美学价值的广济桥。广济桥独特的梁舟结合格局，不仅充分体现了桥梁建造的实用价值及艺术欣赏价值，更显示了中华民族自强不息、勇于创新的民族品格。

三、黄河浮桥

黄河是中华民族的母亲河，又是东方文明的象征，但滔滔黄河水成为中国人民南北联系的天然阻碍。为了跨越黄河的阻隔，实现黄河两岸的交通，智慧的中国人细致观察黄河水流的季节变

图6-9　兰州最早的铁桥中山桥（中山桥前身为黄河浮桥）

（图片来源：百家号）

化，在黄河天险上搭建浮桥，创造了建造浮桥的方法。蒲津浮桥、大阳浮桥、盟津浮桥和镇远浮桥是古黄河上的四大浮桥。

图 6-10　蒲津渡

(图片来源：百家号，乱码的旅行故事)

如前所述，蒲津浮桥是我国有历史记载的最早的浮桥，与此同时，它也是在黄河上修建最早的浮桥。公元前 541 年，秦公子鍼在蒲州修建蒲津浮桥，是在黄河修筑浮桥第一人。公元前 257 年，秦昭襄王又在此修建"作河桥"。唐玄宗命兵部尚书张说主事，倾国力对蒲津浮桥进行改建，以铁牛代替木桩，以铁链易笮索，将船只串联起来。改建后的蒲津浮桥延续了一千多年，至元末乃废弃。如今那里已经成为一处著名的旅游胜地。

大阳浮桥，又名太阳桥，位于今河南省三门峡市西北。据《新唐书·地理志》记载："陕有大阳故关，贞观十一年（637年）造浮桥。"唐人李吉甫著《元和郡县图志》称："大阳桥长七

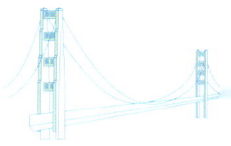

十六丈,广二丈,架黄河为之,在县东北三里。"北宋初年,黄河水情复杂多变,泛滥不断出现,大阳桥被黄河水冲毁,因而如今仅能从历史典籍中找寻大阳浮桥的遗迹。

盟津浮桥,又称河阳桥或孟津桥,位置在今河南省孟津县西南。据《晋书·杜预传》记载:"晋武帝泰始十年(274年),西晋大将杜预率军出征,请建河桥于富平津(又名孟津)。"宋元以后,黄河改道,孟津段发生南北摆荡,浮桥也不复存在。

镇远桥,位置在今甘肃省兰州市黄河河段,即今天中山桥所在的位置。镇远浮桥是黄河浮桥中最著名的。顾名思义,镇远,即说明建桥服务于军事政治目的。明太祖洪武五年(1372年),明朝将领冯胜在兰州建造浮桥,但战争结束后,浮桥便被拆除。洪武九年(1376年),朱元璋委派邓愈将浮桥移至兰州城西5千米处,取名"镇远桥"。洪武十八年(1385年),由于水流湍急、

图6-11 约绘制于清朝同治、光绪年间的《金城揽胜图》

(图片来源:百家号奔流新闻)

固定不牢，兰州卫指挥佥事杨廉将军将浮桥移到城北水流平缓、易于防守的白塔山下。

镇远浮桥由 24 艘每艘间隔 5 米的大船构成，船与船之间用檩木相连，铺上木板，并在木板之上加上围栏。为了固定浮桥，黄河南北两岸各立铁柱（将军柱）两根，并用木桩、铁索和大绳加以固定，冬撤春设。此外，将军柱还有测定水位的功能，可为下游的防汛进行预报和预警。如今，原有的四根将军柱只剩下一根。这根矗立在桥南的将军柱高 5.8 米，重达 10 吨，底部直径 0.41 米，底座长 1.2 米，宽 0.31 米，厚 0.3 米。

图 6-12　明洪武年间兰州的镇远浮桥将军柱

(图片来源：美篇邓琮)

镇远浮桥沿用了 500 多年，不仅保障了边疆人民的生命安全，还对改善我国西北交通和巩固西北边防发挥了重要作用，进一步

促进了西部边疆地区和中原的经济文化交流，促进了中华多民族的融合。著名桥梁专家茅以升在他的《中国古桥技术史》中引用清代王光晟《冰中行》中的诗句"天下神桥此第一"来形容明初的镇远浮桥。

不过，镇远浮桥是一座季节性浮桥，在夏秋洪水和冬季冰块到来时，经常需要拆除浮桥，维修管理费用高昂。1909年，清光绪皇帝将其改建为铁桥。黄河上架起这座坚固的铁桥，一劳永逸地解决了交通问题，天堑变通途。由此，具有"天下黄河第一桥"之称的中山桥诞生。尽管镇远浮桥已不复存在，但人们勇于与黄河天险做斗争的不屈精神已成为激励一代又一代后人的宝贵财富。

至今，黄河中下游过境河南段和山东段架起了很多现代浮桥，仅山东境内就有54座浮桥，济南境内有17座浮桥。现代黄河浮桥与传统浮桥不同，浮桥上铺的是厚钢板，桥面平坦；承载桥面的不再是木船或竹筏，而是一些船形的钢铁浮箱，这些浮箱叫作钢制承压舟；并排的浮箱之间，由拳头大小的螺栓相连接。现代黄河浮桥的承压舟由专门的造船厂生产，可以通行重达几十吨的车辆，这大大便利了黄河两岸的人员往来和经济生产活动。在现代科学技术的加持下，现代黄河浮桥的兴起，为各地经济的发展做出了巨大的贡献。

四、赣州古浮桥

赣州古浮桥，也叫惠民桥。浮桥长约400米，连接贡江的两端，由 100 多只小舟板并束之以缆绳相连而成，已有 800 多年历史。古浮桥始建于宋代，作为赣州城市建设的一大工程，需要有足够的人力、物力支持。赣州古城在宋代处于一个非常辉煌的时期，当时全国三十大州之一便有赣州一席位置。当时全国上下有二百五十四个州郡，赣州已经享誉全国了。赣州享有"宋城博物馆"的美誉，可见宋代赣州古城在城市建设上的成绩非常优异，也为后世的继续发展奠定了良好的基础。同时，在经济和文化等领域也达到了赣州的鼎盛状态。

图 6-13 赣州浮桥

（图片来源于公众号：章贡文旅，2016 年 6 月 12 日发布）

赣州浮桥的一大特色便是桥身由船只构成。浮桥使用的船，和别的浮体比较，浮力要大许多。船的发展年代非常早，公元前两千多年前就有许多文献记载船只的使用和制作。等到舟船有了一定的发展后,才开始有浮桥。浮桥使用的船只,上面的桨、舵、帆和篙等配件都不使用,仅仅使用船只本身和碇。从浙江、江西近现代使用中的浮桥来看,浮桥使用的船只长度大概都在9米左右,宽度为2米,尺寸不大,和河流中通行使用的小木船大小差不多。这主要是因为现代道路、通道都已经建造了永久式的现代桥梁,浮桥多被废弃,或者转移到次要通道上使用,小型船只维护的费用较低,就不会再专门打造大型的船只。

图 6-14 赣州浮桥所采用的船只

(图片来源于公众号:章贡文旅,2016 年 6 月 12 日发布)

赣州浮桥除了联络章、贡两江河流两岸的交通这种基本功能,还有它作为赣州宋代城市建设所带来的文化功能。赣州古城现如今被称为"宋城博物馆",源于赣州古城内现存的众多宋代城市建筑，而赣州古浮桥作为宋代四大城市建设之一，在发扬宋城文化方面起到了不可替代的作用。赣州八景文化是影响全国乃至世界的旅游景观文化，而八景之一"城堞桥浮"中便有赣州浮桥的身影，不仅弘扬了八景文化，而且更加突出了赣州古城宋城文化的重要性。赣州浮桥在发扬宋城文化方面起着举足轻重的作用。

五、永州霞客渡浮桥

永州霞客渡浮桥为永州市零陵区新建景观浮桥，总长为143米，宽4.1米，总面积为586.3平方米，浮桥两端均设有活动引桥一座，连接柳宗元景区与东山景区。方案设计充分考虑当地渔船及其他船舶的通航要求，每天在固定时间段拆装浮桥的标

图 6-15　永州霞客渡浮桥

（图片来源于公众号：永州事，2019年6月10日发布）

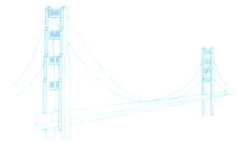

准启闭段,让过往船只通行。全桥采用分段拼装形式,以10米长,4米宽为一个标准分段,段与段之间采用可拆式联接件连接,既能快速拆卸又能快速拼接。

霞客渡(原名为黄叶古渡)是零陵古城五大古渡之一,历史上曾是出入零陵郡以及湘桂之间往来的交通要道,是一条连接东山和西山的历史文化纽带。据《零陵县志》载,早在元代,古郡零陵就在今城池大西门至河西的潇水上面建造浮桥。桥名也取得寓意深刻,名"平政桥",取古代贤文中"君子平其政"之义,当时亦称之为黄叶渡。至明初,浮桥废除。又于明万历十八年(1590年)动工建成。

图6-16 永州霞客渡浮桥老照片

(图片来源于公众号:永州事,2019年6月10日发布)

1944年，浮桥被日军毁坏。中华人民共和国成立后，零陵县人民政府拨款将其修复完好，使之成为连结永州东西城区的通道。1965年，在浮桥下游500米左右，建成零陵的首座双曲石拱桥——东风大桥，浮桥便拆除了。后为顺应零陵城区发展，1992年又重启建设浮桥，1993年4月正式建成。浮桥用18只铁壳船等距离排列成行，两船间架杉木为梁，上铺木板。铁壳船均用铁链固定在河床上，互相之间再用铁链串联。桥全长158米，宽4米，总投资30万元。在浮桥建成之时，为纪念曾走过这里的明代伟大的地理学家徐霞客，逐命名此浮桥为"霞客浮渡"。

图 6-17　新建永州霞客渡浮桥夜景

(图片来源于公众号：永州事，2019年6月10日发布)

如今新建的霞客渡浮桥上建有栏杆柱头灯146套，吊臂灯4套，可供市民在夜间观赏潇水河风景。浮桥已成为潇水河上的新景观，零陵的网红打卡地。霞客渡这座古渡浮桥，历经沧桑，历久弥新，它正在以焕然一新的面容诉说着零陵的故事……

六、狮子关水上浮桥

狮子关水上浮桥位于湖北省恩施州宣恩县境内,距县城 13 千米,此地山势雄伟,有大小岩山五座,山形如犬牙交错,其中有两座山状似狮子,扼守通往长潭河的要道,狮子关因而得名。景区由三段峡谷围合而成,峡谷内洞穴、象形石、瀑布等景点遍布,吸引了众多旅游爱好者前来体验、观赏。狮子关水上浮桥又名"廊桥遗梦",被誉为全湖北最美浮桥。浮桥长约 500 米,宽 4.5 米,顺着蜿蜒的河道建设而成,漂浮在碧绿的河水之上、青山之间,仿佛一条碧玉丝带。

图 6-18 狮子关水上浮桥美景

(图片来源于公众号:上海旗华水上漂,2019 年 12 月 19 日发布)

浮桥在建造时，曾面临很多技术难题。在五六十米水深的峡谷中如何保证浮桥的安全？浮桥建造最重要的是安全问题，建造过程中采用了水上锚固系统专利技术，可保证浮桥在 300 米深、45 米水位落差的情况下安全使用，在云南金沙江主航道水上漂浮乐园、贵州罗甸红水河景区大型水上漂浮乐园等地已有成功案例。除此之外，浮桥还运用了"500 米超长 S 型浮桥动水位稳定性控制及关键建造"技术成果，有效解决了 S 型浮桥在水流量大、水位变化显著和大风情况下沿桥轴线、水流方向的变形和摆动控制技术难题，整体变形和稳定性得到有效控制。

图 6-19　汽车驶过狮子关浮桥

（图片来源于公众号：上海旗华水上漂，2019 年 12 月 19 日发布）

同时，为了保障大量行人在浮桥上行走的安全性，浮桥两侧安装了高强度柔性安全护栏。为了提高浮桥的耐久性，还采用了高性能抗长期老化环保水上专用复合材料，结合水上锚固系统专利技术，可抵抗 15 级台风，且可抵抗洪水冲击和长期的水浪波动。

第六章 浮桥